CAMBIO

PAUL WATZLAWICK
JOHN H. WEAKLAND Y RICHARD FISCH

CAMBIO

Formación y solución de los problemas humanos

PREFACIO DE
MILTON H. ERICKSON

Herder

A la memoria de Don D. Jackson
1920-1968

Título original: Change. Principles of Problem Formation and Problem Resolution
Traducción: Alfredo Guéra Miralles
Diseño de la cubierta: Melina Agostini

© 1974, W. W. Norton, Nueva York
© 1976, Herder Editorial, S. L., Barcelona

ISBN: 978-84-254-5233-8

Imprenta: Qpprint
Depósito legal: B-22.119-2024

Printed in Spain - Impreso en España

Herder
www.herdereditorial.com

ÍNDICE

PREFACIO

Habría preferido decir mucho más acerca de este libro de lo que aquí puedo decir. Por desgracia, mi mala salud me lo impide, pero no será obstáculo para decir lo esencial.

Multitud de libros y de teorías se han ocupado del modo de cambiar a las gentes, pero, en último término, son los autores de la presente obra los que han considerado seriamente el tema representado por el cambio en sí mismo, en el sentido de cómo ello tiene lugar espontáneamente y cómo puede ser promocionado. Yo he intentado comprender esto mismo en mi propia obra y describirlo en mis escritos. Una psicoterapia es buscada en primer término, no para esclarecer un pasado inmodificable, sino a causa de una insatisfacción con el presente y un deseo de mejorar el futuro. Ni el paciente, ni el terapeuta pueden saber en qué dirección se ha de verificar un cambio y en qué grado ha de tener lugar este último. Pero se precisa cambiar la situación actual y una vez establecido tal cambio, por pequeño que sea, se precisa de otros cambios menores y un efecto en bola de nieve de estos cambios menores conduce a otros más importantes, de acuerdo con las posibilidades del paciente. Que los cambios sean transitorios, permanentes o evolucionen hacia otros cambios es de vital importancia con respecto a toda comprensión del comportamiento humano, tanto con respecto a uno mismo, como con respecto a los demás. He considerado mucho de lo que he realizado como una forma de acelerar las corrientes que impulsan al cambio y que maduran ya en la intimidad de la persona y de la familia, pero se trata de corrientes que precisan de lo «inesperado», lo «ilógico» y lo «súbito» para desembocar en un resultado tangible.

De este fenómeno representado por el cambio se ocupa el presente libro, de la naturaleza auténtica y de las modalidades de cambio — aspectos que durante tanto tiempo no han sido tenidos en cuenta en la formulación de teorías acerca de cómo cambiar a las personas. En esta obra, a la que consideramos como sumamente importante, Watzlawick, Weakland y Fisch han analizado este fenómeno y lo han situado dentro de una trama conceptual —ilustrada con ejemplos tomados de múltiples y diversos sectores— que abre nuevas sendas para una mejor comprensión de cómo los individuos se enredan entre las mallas de sus mutuos problemas, y nuevos caminos, también, para resolver estos laberintos humanos. La importancia de esta nueva trama se extiende mucho más allá de la esfera de los problemas psicológicos de la que procede. Esta obra es fascinante. Creo que es una notable contribución —un libro espléndido—, necesaria para todo aquel que intente comprender los múltiples aspectos del comportamiento de grupo.

Me complace que mi propia obra haya contribuido a las ideas representadas en este libro y me alegro de haber tenido la oportunidad de hacer este pequeño comentario acerca del mismo. Quizás, aquí como en cualquier otra ocasión, un pequeño gesto así es lo más oportuno que debe hacerse.

MILTON H. ERICKSON

PRÓLOGO

*Por osado que sea investigar lo desconocido, mucho más
lo es inquirir lo conocido.*

KASPAR

Cuando en 1334 Margarita Maultasch, duquesa del Tirol, cercó el castillo de Hochosterwitz en la provincia de Carintia, sabía muy bien que la fortaleza, situada en una roca increíblemente escarpada que se elevaba sobre todo el valle, era inexpugnable a un ataque directo y que se rendiría tan sólo a un prolongado sitio. Llegó un momento en el que la situación de los defensores se hizo crítica: no les quedaban más víveres que un buey y un par de sacos de cebada. La situación de Margarita se estaba convirtiendo en igualmente apremiante, si bien por razones distintas: sus tropas comenzaban a indisciplinarse, el sitio no parecía vislumbrar un fin y tenía también urgentes asuntos militares en otros puntos. En tal situación, el comandante del castillo decidió una acción a la desesperada, que debió aparecer como una locura a los ojos de sus hombres: hizo sacrificar al último buey que les quedaba, rellenó su cavidad abdominal con la cebada restante y ordenó arrojar el cuerpo del animal, monte abajo, hasta un prado situado frente al campamento enemigo. Tras recibir este despectivo mensaje, la duquesa, presa del desánimo, abandonó el sitio de la fortaleza y partió con sus tropas.

Era muy diferente la situación que existía en el mes de mayo de 1940 a bordo de un pesquero británico, en ruta hacia una reunión secreta con un oficial del espionaje alemán, el mayor Ritter, al sur del Dogger Bank en el canal de la Mancha. En el barco viajaban dos agentes dobles [1], que

---

1. Este término se refiere, bien a agentes enemigos que son capturados y forzados a trabajar con sus aprehensores, o a individuos que se prestan voluntarios para infiltrarse en el sistema de espionaje enemigo y hacerse pasar por agentes suyos, proporcionándoles falsas informaciones, ayudando a desenmascarar a otros agentes enemigos, etc.

11

llevaban respectivamente los nombres supuestos de Snow y Biscuit. Snow había realizado con anterioridad una excelente labor para el Intelligence Service británico y estaba considerado por los alemanes como uno de sus más importantes agentes en Inglaterra. Biscuit, un sujeto con amplios antecedentes criminales, se había convertido en un informador de la policía, auténticamente digno de confianza, e iba a ser presentado ahora al mayor Ritter como agente auxiliar de Snow, para ser entrenado en Alemania y devuelto luego a Inglaterra. Por diversos motivos, el Intelligence Service consideró más conveniente que ninguno de ambos espías supiese que el otro estaba trabajando también por cuenta de los ingleses, pero al parecer, los dos hombres sospechaban este hecho. Ello dio lugar a una situación de pesadilla, que Masterman, en su fascinante libro sobre el sistema británico de agentes dobles describe del modo siguiente:

> En el camino hacia la cita con Ritter, por desgracia, Biscuit se formó la opinión, a partir del comportamiento de Snow y de la conversación de éste, que estaba actuando auténticamente en favor de los alemanes y que indudablemente revelaría su situación, como agente controlado, en cuanto se reuniese con el mayor Ritter. Snow, por otra parte, parecía tener la impresión, por razones que no podemos analizar, de que Biscuit era un genuino agente alemán que sin duda revelaría la ambigua posición de Snow cuando tuviese lugar la reunión con Ritter. En consecuencia, hizo cuanto pudo para convencer a Biscuit de que estaba trabajando auténticamente al servicio de los alemanes, lo cual reforzó las sospechas de Biscuit (75).

En esta fatal y extraña situación, por tanto, ambas partes intentaban, con todas sus fuerzas, hacer aquello que las circunstancias presentaban como la mejor solución, pero cuanto más intensamente lo intentaban, más desesperada se hacía la situación. Por último, por su propia seguridad y para evitar lo que parecía irse a convertir en un desastre para el espionaje británico, Biscuit encerró a Snow en su camarote e hizo que el pesquero volviese a Grimsby, sin intentar reunirse con Ritter. Así pues, en su sincero intento para evitar un fallo definitivo, lo provocó.

Estos dos ejemplos ilustran el tema de este libro, el cual se ocupa de las viejas cuestiones relativas a la persistencia y al cambio en los asuntos humanos. De modo más particular trata acerca de cómo surgen los problemas, para perpetuarse en ciertos casos y resolverse en otros. Mas, sobre todo, examina cómo, paradójicamente, fallan con frecuencia el sentido común y el comportamiento «lógico», mientras que acciones tan «ilógicas» e «irracionales» como la emprendida por los defensores de Hochosterwitz logran producir el cambio deseado.

Por otra parte, si bien el sentido lógico y común ofrece excelentes soluciones cuando funciona ¿quién no ha tenido la frustrante experiencia de hacer lo mejor posible en este sentido, para ver cómo las cosas iban tan sólo de mal en peor? Y por lo contrario, todos hemos experimentado en algún momento cómo surgía un cambio ilógico y sorprendente, pero bienvenido, en una situación que parecía sin salida. En realidad, el tema de la solución extraña, contrapuesta al sentido común, es arquetípica y se refleja en el folklore, los cuentos de hadas, los sueños, al igual que existen concepciones tanto populares como más eruditas acerca de la perversidad de los demás, del mundo o del diablo para explicar la situación opuesta. Sin embargo, poca investigación seria y sistemática se ha realizado sobre todo este tema, que ha permanecido hasta ahora tan extraño, intrigante y contradictorio como siempre lo fue.

Hemos venido a ocuparnos de este problema tan sólo de un modo indirecto, en gran medida como consecuencia inesperada de nuestra práctica y estudio de la psicoterapia, y gran parte de nuestra discusión al respecto y de nuestros ejemplos se hallan relacionados con esta última, campo en el que nos hallamos más informados. Si bien ha sido logrado por esta ruta especial, se trata en primer término de un libro acerca de la persistencia y del cambio y de su papel en la formación y la resolución de problemas, en cuanto se trata de asuntos humanos en general.

Ya que incluso nuestros puntos de vista más generales se fundamentan en experiencia concreta actual, hemos de decir un par de palabras acerca de nuestra formación profesional. Al igual que otros psicoterapeutas con una preparación ortodoxamente psicoanalítica y muchos años de experiencia práctica, nos hemos sentido crecientemente frustrados por la incertidumbre de nuestros métodos, lo prolongado de los tratamientos y los escasos resultados obtenidos. Al mismo tiempo nos hemos sentido intrigados por el inesperado e inexplicable éxito logrado por ciertas intervenciones ocasionales e «inaparentes» y más que nada, probablemente, por el hecho de que no se *suponía* que pudiesen tener ningún efecto favorable. En 1966, uno de nosotros, Richard Fisch, propuso crear lo que, a falta de un nombre más adecuado[2] designamos como centro de psicoterapia breve del Instituto de Investigaciones Mentales de Palo Alto. Bajo su dirección comenzamos a investigar los fenómenos correspondientes al cambio humano y, al hacerlo así, descubrimos muy pronto que ello exigía de nosotros la adopción de nuevos puntos de vista acerca de cuanto hasta entonces habíamos creído, aprendido y practicado[3].

Otro elemento unificador estuvo representado por el hecho de que, desde un principio, hablamos un mismo «lenguaje». Como investigadores asociados del Instituto de Investigaciones Mentales, todos nosotros contábamos con varios años de experiencia en la investigación de la intercomunicación humana y en psicoterapia interaccional (es decir:

2. La denominación resulta insatisfactoria, ya que una psicoterapia «breves» se refiere con frecuencia a cierto género de medidas sustitutivas, superficiales o de primeros auxilios, emprendidas provisionalmente hasta que una auténtica psicoterapia a largo plazo resulte posible. El libro de BARTEN titulado *Psicoterapias breves* (15) es quizás el que mejor refleja la actual divergencia de opiniones a este respecto, de modo bastante adecuado. Está compuesto por una excelente introducción y de artículos redactados por 25 autores. De estas 26 contribuciones, 10 de ellas consideran los métodos de psicoterapia breve como una forma de psicoterapia con entidad propia, 9 la consideran como el mejor sustitutivo en casos en los que un tratamiento prolongado, por un motivo o por otro, resulta imposible (o bien no posible aún) y 7 autores describen su utilidad de un modo que podríamos resumir del mejor modo diciendo que lo hacen en término de «sí, pero...».

3. El motivo que nos mueve a mencionar, aunque brevemente, todo este desarrollo es que, de no hacerlo así, el lector podría pensar que jamás habíamos oído hablar del inconsciente, de la primordial importancia del pasado y del *insight* (intuición consciente) del mismo, de la transferencia, de los rasgos de carácter y de la sustitución de síntomas y, en especial, de los peligros de la manipulación.

14

referida a la pareja y a la familia), tal como ha sido desarrollada por el grupo de Palo Alto, bajo la dirección teórica de Gregory Bateson y la dirección clínica de Don D. Jackson. Nos hallamos así acostumbrados a considerar el proceso más bien que el contenido, y el «ahora y aquí» más bien que el pasado. No fue quizá menos importante el hecho de que todos nosotros teníamos una preparación y una experiencia en hipnosis, lo cual no sólo nos hacía sentirnos a gusto en las intervenciones directas, sino que nos puso también en contacto con las innovadoras técnicas de Milton Erickson, a quien todos nosotros estamos profundamente agradecidos.

Desde el comienzo tuvimos la creencia de que aunando nuestros conocimientos seríamos capaces de operacionalizar los intrigantes fenómenos de cambio mencionados anteriormente y de encontrar así nuevas vías para intervenir de un modo eficaz en las situaciones humanas problemáticas. Tal creencia se demostró válida, pero también nos condujo a algo inesperado: al proyectar la forma más adecuada de intervención en un particular problema humano nos parecía aproximarnos a cierto núcleo subyacente de supuestos, que por entonces éramos incapaces de definir. Ello llegó a constituir una cierta dificultad cuando fue aumentando el número de los interesados por nuestro *modus operandi,* interesados por el mismo a través de lecturas, presentación de casos y cursos de preparación y que deseaban saber más acerca de nuestros conceptos fundamentales, y no sobre ciertos trucos mágicos. Es decir: podían apreciar los efectos, pero querían saber qué es lo que contribuía a producirlos. Tan sólo gradualmente llegamos a ser capaces de traducir nuestro quehacer en conceptos y el presente libro constituye una tentativa para sistematizar lo que hallamos al examinar nuestras premisas.

Sabemos por experiencia que algunos criticarán la índole «manipulativa», «insincera» de nuestro procedimiento de abordar, tanto desde el punto de vista teórico, como práctico, los problemas humanos. La palabra «sinceridad» se ha venido a convertir últimamente en una especie de latiguillo hipócrita, asociada oscuramente con la idea de que existe algo así como una visión correcta del mundo, que por lo general coincide con la propia. Parece también asociarse con la idea de que la manipulación no sólo es mala en sí, sino que puede ser evitada. Pero nadie, por desgracia, ha explicado jamás cómo puede llevarse a cabo esto último. Es difícil imaginar cómo *cualquier* comportamiento en presencia de otra persona puede evitar ser una comunicación del propio punto de vista acerca de la naturaleza de la propia relación con dicha persona y cómo, en consecuencia, puede evitar influir sobre esta última. El psicoanalista que permanece sentado en silencio detrás de su paciente echado en el diván o bien el psicoterapeuta «no directivo» que se limita a repetir las palabras pronunciadas por su paciente ejercen una enorme influencia, a *causa precisamente de este modo de comportarse,* en especial cuando éste es definido como «libre de influencia».

El problema, por tanto, no consiste en ver cómo se pueden evitar la influencia y la manipulación, sino cómo pueden ser mejor comprendidas y utilizadas en interés del paciente. Éste es uno de los temas que nos ocuparán a través de este libro.

Nos damos perfecta cuenta de que mucho de lo que este libro contiene ha sido ya dicho o hecho por otros, si bien por lo general en diferentes contextos y basándose en premisas distintas. Esperamos que el lector comprenderá que no podemos señalar todas estas semejanzas, ni explicar las diferencias. Esto resulta especialmente cierto por lo que se refiere a aparentes paralelismos con la terapéutica de la conducta *(behavior therapy),* pero nuestro lector ha de tener en cuenta que no nos apoyamos en supuestos de un aprender o de un desaprender deficientes, de un condicionamiento o de un descondicionamiento, etc.

Ya que el principal propósito de este libro es presentar nuestros puntos de vista y conclusiones generales, no ha de exponer el prolongado camino por el cual hemos llegado a los mismos. En lugar de ello, como mostrará una ojeada al índice, avanza desde lo abstracto hacia lo concreto, los ejemplos prácticos y la discusión. El primer capítulo, de acuerdo con ello, describe dos teorías, útiles para organizar y esclarecer aspectos principales de nuestro punto de vista acerca del cambio a un nivel general. Se trata de la teoría de los grupos y la teoría de los tipos lógicos. El capítulo segundo propone ejemplos de la aplicación práctica de estas dos teorías a nuestro tema principal. La segunda parte se ocupa por completo de cuestiones acerca de la formación de problemas que plantea la interdependencia de la persistencia y del cambio, mientras que la tercera parte está dedicada a la solución de problemas.

Deseamos, finalmente, expresar nuestro agradecimiento al fundador y primer director del Instituto de Investigaciones Mentales, el fallecido Dr. Don D. Jackson, cuyo espíritu abierto a nuevas ideas y cuya ayuda nos animó a emprender la presente investigación.

PARTE PRIMERA

PERSISTENCIA Y CAMBIO

1. LA PERSPECTIVA TEÓRICA

*Plus ça change, plus c'est
la méme chose.*

El proverbio francés, según el cual cuanto más cambia algo, más permanece lo mismo, es algo más que un ingenioso juego de palabras. Es una expresión maravillosamente concisa de la extraña y paradójica relación que existe entre persistencia y cambio. Apela de modo más inmediato a la experiencia que las más sofisticadas teorías que hayan sido establecidas por filósofos, matemáticos y lógicos e implícitamente señala un punto básico que con frecuencia se neglige: el hecho de que persistencia y cambio han de ser considerados conjuntamente, a pesar de su naturaleza aparentemente opuesta. En ello no se trata de una abstrusa idea, sino de un ejemplo específico del principio general que afirma que toda percepción y todo pensamiento son relativos y que operan por comparación y contraste.

Los filósofos de la ciencia parecen estar de acuerdo en que el cambio constituye un elemento tan inmediato de nuestra experiencia y tan compenetrado con ella que tan sólo pudo convertirse en tema del pensamiento una vez que los primeros filósofos griegos fueron capaces de conceptualizar la antitética idea de invariabilidad o persistencia. Hasta entonces no había nada que pudiese ser conceptualmente contrastado con el cambio. La situación debió de ser análoga a la propuesta por Whorf: en un universo en el que todo es azul, el concepto de lo azul no puede desarrollarse, debido a la ausencia de colores que sirvan como contraste.

Aun cuando en el transcurso de los siglos se han formulado en la cultura occidental muchas teorías acerca de la persistencia y del cambio, se ha tratado sobre todo de teorías de la persistencia, *o bien* de teorías del cambio, pero no de teorías de la persistencia y del cambio. Es decir: la tendencia general ha sido la de considerar a la persistencia y la invariabilidad como un estado «natural» o «espontáneo», garantizado y que no necesitaba explicación, y al cambio como el problema que había que explicar, o bien se adoptaba la posición inversa. Pero ya el hecho de que cada una de ambas posiciones pueda adoptarse tan fácilmente, indica que son complementarias, que lo que es problemático no es absoluto y de algún modo inherente a la naturaleza de las cosas, sino que depende del caso particular y del punto de vista implicado[1].

Una concepción como ésta viene a corresponder a nuestra experiencia de los asuntos y dificultades humanos. Por ejemplo, doquiera observemos a una persona, una familia o un sistema social más amplio inmersos en un problema de un modo persistente y repetitivo, a pesar del deseo y de los esfuerzos realizados para alterar la situación, surgen simultáneamente dos preguntas: «¿Cómo es que persiste esta indeseable situación?» y «¿Qué es preciso para cambiarla?»

En el curso de nuestro trabajo hemos realizado algún proceso, no sólo en el sentido de responder a estas preguntas en casos particulares, sino también en el avance hacia un punto de vista más general. Sin embargo, creemos que para ayudar a presentar y a esclarecer algunas de las conclusiones a las que hemos llegado más bien que describir este prolongado camino recorrido, podemos hacer uso de dos teorías abstractas y generales, pertenecientes al campo de la lógica matemática. Se trata 1) de la teoría de grupos, y 2) de la teoría de los tipos lógicos.

Al proceder así somos plenamente conscientes del hecho de que nuestro uso de estas teorías está lejos de satisfacer las exigencias en cuanto a rigor matemático. Ha de considerarse como una tentativa de ejemplificación mediante analogía.

La teoría de grupos surgió durante la primera parte del siglo XIX. El término de *grupo* fue introducido por el matemático francés Évariste Galois[2]. Tras las formulaciones iniciales de Galois, diversos destaca-

---

1. Como haremos observar más adelante, los problemas conectados tanto con la persistencia como con el cambio han sido centrales en el desarrollo de la cibernética y han sido esclarecidos por la misma.

2. Lo propuso en un brillante trabajo, escrito en 1832, en las circunstancias más insólitas: no sólo contaba Galois apenas veinte años de edad, sino que escribió todo el

dos matemáticos del siglo XIX contribuyeron al desarrollo de la teoría de grupos, convirtiéndola en una de las más imaginativas ramas de las matemáticas. Con la revolución de la física clásica después de 1900, comenzó a desempeñar también un poderoso papel en relación con la teoría de los quanta y de la relatividad. No consideramos preciso afirmar que las implicaciones más sofisticadas de la teoría de grupos tan sólo pueden ser apreciadas por el matemático o el físico. Pero sus postulados básicos, concernientes a las relaciones entre elementos y totalidades, son bastante sencillas, quizás decepcionantemente simples. De acuerdo con la teoría, un *grupo* posee las siguientes propiedades:

a) Está compuesto por *miembros,* todos los cuales son iguales en cuanto a una característica común, mientras que su índole actual carece por otra parte de importancia con respecto a los propósitos de la teoría. Puede tratarse por tanto de números, objetos, conceptos, acontecimientos o bien cualquier otro género de cosas que se quieran incluir juntas en un grupo, en tanto posean un común denominador y en cuanto el resultado de cualquier combinación de dos o más miembros sea también, en sí, un miembro del grupo. Así por ejemplo, sí los miembros de un grupo son los enteros 1 a 12, indicadores de las horas en la esfera de un reloj, lógicamente cualquier combinación de dos o más miembros es también un miembro del grupo (por ejemplo, las 8 de la mañana, más 6 horas, da como resultado las 2 de la tarde) y en este caso, la *combinación* se refiere al proceso de adición o de sustracción de miembros. De modo similar, cualquier cambio en la posición de un dado al rodarlo, dará un resultado que es a su vez un miembro de los seis posi-

---

trabajo (con un total de 60 páginas) en una noche, la noche antes de ser muerto al amanecer en un duelo al cual había sido desafiado por estúpidas razones chauvinistas por dos «patriotas». Una bala le atravesó el intestino y como no se hallaba presente ningún cirujano, se le dejó simplemente morir. «No tengo tiempo, no tengo tiempo», pergeñó reiteradamente al margen de su manuscrito mientras trataba frenéticamente de dejar a la posteridad cuanto podía comunicarla. «Lo que escribió en aquellas largas y desesperadas horas antes del amanecer ocupará a generaciones de matemáticos durante centenares de años», afirma Bell (22) acerca de aquella fatal noche.

bles resultados de la jugada, y en este caso, la *combinación* se refiere a una o más rotaciones del dado en torno a uno o más de sus tres ejes.

Podemos ver asimismo que el término de *combinación* se refiere a un cambio a partir de un posible estado interno del grupo, a otro.

La agrupación de «cosas» (en el más amplio sentido) es el elemento más básico y necesario de nuestra percepción y concepción de la realidad. Al paso que constituye una obvia afirmación la de que no hay dos cosas que sean exactamente iguales, la ordenación del mundo en grupos (que se imbrican y superponen de complicada manera) y que están compuestos por miembros que poseen todos ellos un importante elemento en común, otorga estructura a aquello que de otro modo sería un fantasmagórico caos. Pero como hemos visto, esta ordenación establece también una *invariancia* en el sentido arriba mencionado, es decir que una combinación de cualesquiera de sus miembros es en sí, nuevamente, un miembro del grupo, «una cosa *en* el sistema, no fuera de él», como lo ha definido Keyser (55). Así pues, esta primera propiedad del grupo puede permitir millares de cambios *dentro* del grupo (de hecho, existen los así llamados grupos infinitos), pero hace también imposible para cualquier miembro o combinación de miembros situarse a sí mismos *fuera* del sistema.

b) Otra propiedad de un grupo es la de que se puede combinar a sus miembros en distinto orden y sin embargo, el resultado de la combinación permanece siendo el mismo[3]. Un ejemplo práctico sería el siguiente: partiendo de un determinado punto en una superficie y realizando cualquier número de movimientos de cualquier longitud y dirección cada uno, se alcanza invariable e inevitablemente el mismo destino, sea cual fuere el cambio verificado en cuanto a la secuencia de los movimientos, siempre, desde luego, que el número de tales movimientos, así como su longitud y dirección individuales sigan siendo las mismas. El caso más sencillo estaría representado por cuatro movimientos de una

---

3. Así por ejemplo, si *a, b* y *c* son miembros de un grupo y el símbolo *o* indica la regla de combinación que rige para este grupo, tendremos que *(aob)oc = ao(boc) = bo(aoc)* y así sucesivamente para las seis combinaciones posibles.

unidad (por ejemplo: un metro, un kilómetro) cada uno en la dirección de uno de los cuatro puntos cardinales. Cualquiera que sea la secuencia de los mismos (por ejemplo, primero hacia el norte, luego hacia el oeste, etc.), en tales condiciones, se volverá siempre al punto de partida al concluir el cuarto movimiento. Puede afirmarse, por tanto, que existe una variación en el proceso, pero una invariancia en el resultado.

c) Un grupo contiene un miembro de *identidad* tal que su combinación con cualquier otro miembro da este otro miembro, lo que significa que mantiene la identidad de dicho otro miembro. Así por ejemplo, en grupos cuya ley de combinación es aditiva, el miembro de identidad es cero (por ejemplo: 5 + 0 = 5); en grupos cuya ley de combinación es la multiplicación, el miembro de identidad es 1, ya que cualquier entidad multiplicada por 1 permanece idéntica. Si la totalidad de los sonidos constituyese un grupo, su miembro de identidad sería el silencio; mientras que el miembro de identidad del grupo constituido por todos los cambios de posición (o bien de movimientos) sería la inmovilidad.

El concepto de miembro de identidad puede aparecer a primera vista carente de sentido. Pero ha de ser considerado como un caso especial de invariancia de grupo. Su importancia práctica ha sido demostrada, por ejemplo, por Ashby (10, 11) con respecto a los sistemas cibernéticos, en los que lo que él llama la función nula del grupo de cambios paramétricos desempeña un papel directo en el mantenimiento de la estabilidad de dichos sistemas. En relación con aquello que nos interesa, lo esencial es que un miembro puede actuar sin provocar cambio alguno.

d) Por último, en cualquier sistema que se ajuste al concepto de grupo, encontramos que cada miembro tiene su recíproco u opuesto, de modo tal que la combinación de cualquier miembro con su opuesto da lugar al miembro de identidad, por ejemplo: 5 + (− 5) = 0, cuando la ley de combinación es la suma. Vemos nuevamente que esta combinación da lugar, por una parte, a un acentuado cambio, pero por otra, el resultado es en sí un miembro del grupo (en el presente ejemplo, los enteros positivos y negativos, incluyendo el cero) y así se halla contenido en él.

A nuestro entender, la teoría de grupos, incluso en los primitivos términos que hemos utilizado aquí para describir sus conceptos básicos (mediante ilustraciones que muestran cómo cambios particulares no ocasionan diferencia en el grupo) proporciona una base válida para pensar acerca de la peculiar interdependencia entre persistencia y cambio que podemos observar en multitud de ejemplos prácticos en los que *plus ça change, plus c'est la méme chose*. Lo que, evidentemente, no puede proporcionarnos la teoría de grupos es un modelo para aquellos tipos de cambio que trascienden de un determinado sistema o trama de referencia. Aquí hemos de apelar a la *teoría de los tipos lógicos.*

Esta teoría comienza también con el concepto de colecciones de «cosas» unidas por una característica específica común a todas ellas. Al igual que en la teoría de grupos, los componentes de la totalidad son designados como *miembros,* mientras que la totalidad misma es denominada *clase* en lugar de grupo. Un axioma esencial de la teoría de los tipos lógicos es la de que «cualquier cosa que comprenda o abarque a *todos* los miembros de una colección, no tiene que ser un miembro de la misma», como afirman Whitehead y Russell en su monumental obra *Principia Mathematica* (101). Resulta evidente que la humanidad es la clase de todos los individuos humanos, pero que ella misma no es un individuo. Cualquier intento de ocuparse de uno en términos del otro está condenado al absurdo y la confusión. Así por ejemplo, el comportamiento económico de la población de una gran ciudad no puede comprenderse en términos del comportamiento de uno de sus habitantes, multiplicado por cuatro millones. Diremos, de pasada, que éste fue precisamente el error cometido en los primeros tiempos de la teoría económica y es designado en la actualidad, despectivamente, como el modelo económico Robinson Crusoe. Una población de cuatro millones de habitantes no es tan sólo diferente de un individuo cuantitativamente, sino cualitativamente, debido a que implica sistemas de interacción entre los individuos. De modo similar, mientras que los miembros individuales de una especie están habitualmente dotados con mecanismos de supervivencia muy específicos, bien sabido es que la especie *entera* puede precipitarse hacia su extinción y probablemente la especie humana no constituye un caso excepcional. De modo inverso, en las ideologías totalitarias el individuo es considerado sólo como miembro de una clase y por ello resulta totalmente desprovisto de importancia y se puede prescindir de él, como de una hormiga en un hormiguero o como lo ha descrito certeramente Koestler al hablar de su compañero de prisión, Nicolás, en el corredor de la muerte de una cárcel española: «Desde este punto de vista, Nicolás existía meramente como una abstracción social, una unidad matemática, obtenida dividiendo una masa de diez mil milicianos por diez mil» (61).

Ejemplos del género de los que acabamos de mencionar son el resultado de ignorar la primordial diferencia entre miembro y clase y el hecho de que una clase no puede ser un miembro de sí misma. En todos nuestros empeños, pero especialmente en investigación, nos enfrentamos constantemente con las jerarquías de los niveles lógicos, y así los riesgos creados por las confusiones de nivel y sus extrañas consecuencias se hallan omnipresentes. Los fenómenos del cambio no constituyen una excepción, pero ello es mucho más difícil de advertir en las ciencias del comportamiento que, por ejemplo, en física. Como destaca Bateson (20) la forma más sencilla y más familiar de cambio es el movimiento, es decir: un cambio de posición. Pero el movimiento mismo puede estar sujeto a cambio, es decir: a aceleración o deceleración, y ello constituye un cambio del cambio (o metacambio) de posición. En un nivel superior se da el cambio de la aceleración (o de la deceleración) que equivale a un cambio del cambio del cambio (o metametacambio) de posición. Incluso los legos en matemáticas nos damos cuenta de que estas formas de movimientos son fenómenos muy diferentes, que implican principios explicativos muy distintos y muy diversos métodos matemáticos para su computación [4]. Puede advertirse también que el cambio implica siempre el nivel inmediatamente superior. Para pasar, por ejemplo, de la posición al movimiento, es necesario dar un paso *fuera de* la trama teórica de la

---

[4]. Así por ejemplo, el tratamiento matemático del cambio de aceleración ha hecho que los científicos del espacio se enfrenten a problemas teóricos anteriormente desconocidos.

posición. *Dentro* de esta trama no puede generarse el concepto de movimiento, y cualquier tentativa que ignore este axioma básico de la teoría de los tipos lógicos da lugar a una confusión paradójica. Ilustraremos algo más este punto crucial:

Millares de cosas pueden expresarse por medio de un lenguaje, con excepción de las afirmaciones referidas a este lenguaje mismo[5]. Si deseamos hablar *acerca de* un lenguaje, como hacen los lingüistas y los semánticos, tenemos necesidad de un metalenguaje el cual, a su vez, requiere un metametalenguaje para expresar su propia estructura. Sucede en gran medida lo mismo con respecto a la relación entre los signos y su significado. Ya en 1893, el matemático alemán Frege señaló la necesidad de diferenciar claramente

> entre los casos en los que hablo acerca del signo *en sí* y aquellos otros en los que hablo acerca de *su significado*. Por pedante que ello parezca, lo considero sin embargo necesario. Resulta notable cómo un modo inexacto de hablar o de escribir ... puede eventualmente confundir al pensamiento, una vez que se ha desvanecido esta conciencia acerca de su inexactitud (37).

O consideremos un ejemplo análogo: el término *método* se refiere a un procedimiento científico y es la especificación de los pasos que se han de emprender en un orden determinado para lograr una finalidad determinada. *Metodología,* por otra parte, es un concepto del tipo lógico inmediatamente superior: el estudio filosófico de la pluralidad de métodos que son aplicados en las diversas disciplinas científicas. Tiene siempre que ver con la actividad de adquirir conocimiento y no con una investigación específica en particular. Es por tanto un *meta*método y se

---

5. De modo análogo, lo único que no puede medirse dentro del sistema métrico decimal es el estándar que se conserva en París, debido precisamente a que es la base de todo el sistema. El hecho de que haya sido sustituido ahora por estándares mucho más exactos, basados en la longitud de onda de la luz, no modifica esta paradoja esencial.

encuentra con respecto al método en la misma relación lógica que una clase con respecto a uno de sus miembros. Confundir método con metodología daría lugar a un absurdo filosófico, ya que como ha dicho Wittgenstein «cuando el lenguaje se toma unas vacaciones, surgen problemas filosóficos» (107). Desgraciadamente, el lenguaje natural dificulta con frecuencia una clara distinción entre miembro y clase.

«Es concebible —escribe Bateson— que las mismas *palabras* puedan ser utilizadas para describir tanto una clase, como sus miembros y que sean ciertas en ambos casos. La palabra «onda» es el nombre de una clase de movimientos de partículas. Podemos decir también que la propia onda se «mueve», pero entonces nos referimos al movimiento de una clase de movimientos. Con la fricción, este metamovimiento no perderá velocidad, como sucedería con el movimiento de una partícula» (19).

Otro de los ejemplos favoritos de Bateson afirma que, por lo general, tan sólo un esquizofrénico es capaz de comerse la carta del menú, en lugar de los platos que en él se indican (y quejarse de su mal sabor, añadiríamos nosotros).

Otra analogía que puede aplicarse es la de un automóvil con un cambio de marchas convencional. El rendimiento del coche puede variarse de dos modos distintos: bien mediante el pedal del acelerador (aumentando o disminuyendo el aflujo de gasolina a los cilindros) o cambiando las marchas. Permítasenos llevar algo más adelante la analogía y decir que en cada marcha el coche tiene un cierto número de «comportamientos» (es decir: de producción total de energía y en consecuencia de velocidad, aceleración, capacidad para subir pendientes, etc.). *Dentro* de dicho número de comportamientos (es decir: de esta clase de los mismos), el uso adecuado del acelerador producirá el cambio deseado en el rendimiento. Pero si el rendimiento requerido cae *fuera* de dicha clase (o número de comportamientos), el conductor debe cambiar la marcha para obtener la variación deseada. El cambio de marchas es por tanto un fenómeno de un tipo lógico más elevado que el dar gas y sería patentemente absurdo hablar acerca de la mecánica del cambio de marchas en el lenguaje correspondiente a la termodinámica del suministro de combustible.

Mas la formulación quizás más importante con respecto a nuestro tema es la establecida por Ashby para las propiedades cibernéticas de una máquina que funciona con *input* (entrada):

> Veremos que la palabra «cambio», si es aplicada a una máquina de este tipo, puede referirse a dos cosas muy diferentes. Existe el cambio de un estado a otro... que constituye el comportamiento de la máquina y que ocurre por su propio impulso interno, y existe, por otra parte, el cambio de transformación a transformación... que constituye *un cambio de su modo de comportamiento* y que tiene lugar a capricho del experimentador o por algún actor externo. Esta distinción es fundamental y no ha de ser echada en modo alguno en olvido (13)[6].

De los postulados de la teoría de los tipos lógicos se pueden derivar por tanto dos importantes conclusiones: *a)* los niveles lógicos deben ser estrictamente separados a fin de evitar paradojas y confusiones, y *b)* pasar de un nivel al inmediatamente superior (es decir: de un miembro a la clase) supone una mudanza o variación, un salto, una discontinuidad o transformación, es decir, un cambio de la mayor importancia teórica y (como veremos en los próximos capítulos) también práctica, ya que proporciona un camino que conduce *fuera* de un sistema.

Resumiendo cuanto hasta ahora llevamos dicho: la teoría de grupos nos proporciona una base para pensar acerca de la clase de cambios que pueden tener lugar dentro de un sistema que, en sí, permanece invariable; la teoría de los tipos lógicos no se ocupa de lo que sucede en el interior de una clase, es decir, entre sus miembros, pero nos proporcio-

---

6. Un modo particular de comportamiento dirigido a persistir (es decir: a permanecer estable) implica y *requiere* cambios a algún nivel más bajo. Así por ejemplo, un ciclista tiene que estar realizando constantemente pequeños movimientos oscilatorios de dirección para mantener el equilibrio y circular suavemente. Si estos movimientos son de algún modo impedidos (así por ejemplo por alguien que sujete el manillar), el ciclista perderá inmediatamente su equilibrio y caerá.

na una base para considerar la relación existente entre miembro y clase y la peculiar metamorfosis que representan las mutaciones de un nivel lógico al inmediatamente superior. Si aceptamos esta básica distinción entre ambas teorías, se deduce que existen dos tipos diferentes de cambio: uno que tiene lugar dentro de un determinado sistema, que en sí permanece inmodificado, y otro, cuya aparición cambia el sistema mismo[7]. Para poner un ejemplo de esta distinción, en términos más conductistas: una persona que tenga una pesadilla puede hacer muchas cosas *dentro* de su sueño: correr, esconderse, luchar, gritar, trepar por un acantilado, etc. Pero ningún cambio verificado de uno de estos comportamientos a otro podrá finalizar la pesadilla. *En lo sucesivo designaremos a esta clase de cambio como cambio*$_1$. El único modo de *salir* de un sueño supone un cambio del soñar, al despertar. El despertar, desde luego, no constituye ya parte del sueño, sino que es un cambio a un estado completamente distinto. *Esta clase de cambio la denominaremos en lo sucesivo cambio*$_2$. La equivalencia de esta distinción con la definición cibernética de Ashby acerca de las dos clases de cambio, anteriormente citada, es evidente. Cambio$_2$ es por tanto *cambio del cambio,* es decir el fenómeno cuya existencia negaba tan categóricamente Aristóteles.

7. Los griegos parece ser que tan sólo conocían el primero de dichos tipos. «Nada es creado o destruido. Más bien, una cosa es mezclada con cosas ya existentes o separada de ellas» afirma Anaxágoras en su fragmento 17. De modo similar, para Aristóteles, el cambio es el paso desde la potencialidad a la actualidad. Y niega expresamente aquello que en la actualidad denominaríamos una mutación desde un nivel a un metanivel, cuando escribe: «No puede haber movimiento del movimiento, o devenir del devenir, o en general cambio del cambio» (9). Los filósofos griegos ulteriores y los medievales tendían a considerar el cambio como la antinomia entre ser y devenir. Tan sólo HERACLITO, al parecer, enfocó el cambio desde una perspectiva distinta. Además de su bien conocida sentencia acerca de la imposibilidad de sumergirse por dos veces en el mismo río, afirma en otro fragmento: «Todo cambio es contradictorio; por tanto, la contradicción es la auténtica esencia de la realidad.» La evolución del concepto de cambio la resume excelentemente PRIOR: «No resultaría exagerado decir que la ciencia moderna comenzó cuando las gentes se acostumbraron a la idea de que los cambios cambian; es decir: a la idea de aceleración como contrapuesta a la de mero movimiento» (80).

Al llegar a este punto en nuestra disquisición debemos dar marcha atrás y considerar nuevamente nuestra exposición, muy simplista, de la teoría de grupos. A la luz de lo que ahora hemos aprendido acerca de la teoría de los tipos lógicos, advertimos que las cuatro propiedades de todo grupo que son responsables de la creación de la particular interdependencia entre persistencia y cambio dentro del grupo, no son por sí mismas miembros del grupo. Están claramente por encima del grupo y por tanto son *meta* a su respecto. Esto resulta particularmente evidente por lo que se refiere a las reglas de combinación que rigen para un grupo determinado. Hemos visto, por ejemplo, que allí donde las operaciones internas del grupo son efectuadas mediante la regla de multiplicación, el miembro de identidad es 1. Si la regla de combinación en este grupo fuese cambiada por la de adición (un $cambio_2$ que tan sólo puede ser introducido desde el exterior y no puede ser generado desde el interior del grupo), el resultado sería diferente: el miembro n combinado con el miembro de identidad (1) no sería ya él mismo (como lo sería bajo la antigua regla, con la que n multiplicado por uno, sería de nuevo n), sino que obtendríamos n + 1. Podemos darnos cuenta ahora de que los grupos son tan sólo invariantes al nivel del $cambio_1$ (es decir: al nivel del cambio de un miembro a otro, nivel en el que cuanto más cambian las cosas, más siguen permaneciendo las mismas), pero que están abiertos al cambio al nivel del $cambio_2$ (es decir: a cambios en cuanto a las reglas que gobiernan su estructura o su orden interno). La teoría de grupos y la teoría de los tipos lógicos se revelan así, no sólo como compatibles, sino también como complementarias. Por otra parte (y teniendo en cuenta que cuando hablamos acerca de cambio en conexión con la formulación de problemas y la solución de los mismos nos referimos siempre al $cambio_2$), advertimos que ambas teorías nos proporcionan una base conceptual útil para examinar ejemplos concretos, prácticos, de cambio. Y finalmente, si recordamos que el $cambio_2$ posee siempre la índole de una discontinuidad o de un salto lógico, podemos esperar que las manifestaciones prácticas del $cambio_2$ aparezcan como tan ilógicas y paradójicas como la decisión del comandante del castillo de Hochosterwitz de arrojar fuera de la fortaleza sus últimos víveres a fin de sobrevivir.

II. LA PERSPECTIVA PRÁCTICA

No querría, ni en sueños, pertenecer a un club que estuviera dispuesto a aceptarme como miembro.

GROUCHO MARX

Mientras que resulta relativamente fácil establecer una clara distinción entre cambio$_1$ y cambio$_2$ en términos estrictamente teóricos, esta misma distinción puede resultar extremadamente difícil de realizar en situaciones reales de la vida. En consecuencia, pueden tener lugar muy fácilmente descuidos de esta diferencia y confusiones entre ambos niveles del cambio y en situaciones difíciles pueden emprenderse acciones que no solamente no den lugar al cambio deseado, sino que equivoquen el problema al cual es aplicada la «solución». Sin embargo, antes de proceder a soluciones, precisamos de ejemplos prácticos de las consideraciones teóricas contenidas en el capítulo I.

a) No resulta difícil hallar ejemplos con respecto a la primera propiedad del grupo (que de cualquier combinación, transformación u operación de los miembros del grupo resulta otro miembro del grupo, manteniéndose así la estructura de éste). En la novela de John Fowles *El coleccionista,* un joven ha secuestrado a la bella estudiante de arte Miranda, de la cual está enamorado, y la tiene prisionera en una remota y segura casa de campo. Si bien ella está por completo en poder de su raptor, la situación que éste ha creado le convierte en tan prisionero de ella como ella lo es de él. Espera él desesperadamente que ella comience eventualmente a amarle y por tanto, no puede ni forzarla, ni liberarla. La liberación no viene al caso también por razones prácticas: sería arrestado por un grave crimen, a no ser, desde luego, que ella afirmase que le ha seguido voluntariamente. Ella está dispuesta a prometer esto último, pero él sabe que ello sería una argucia para obtener su libertad y que ella no volvería a él. En tan insólitas circunstancias, tanto ella como él buscan desesperadamente que se verifique un cambio en la situación (él, intentando hacer que ella le ame y ella intentando escapar), pero cualquier movimiento que uno de ellos realice es del tipo del cambio ₁ y por tanto tan sólo contribuye a reforzar y complicar la situación sin salida. Una situación similar surge en el film *El cuchillo en el agua*. Un matrimonio emprende una excursión por mar, en su balandro, con un joven. Muy pronto surgen tensiones y celos entre ambos hombres, que son ambos inseguros y que intentan impresionar a la bella mujer a expensas del otro. Por último llegan a las manos; el joven (que ha mencionado anteriormente que no sabe nadar) cae al mar y desaparece. El marido se lanza al mar en su busca, pero no puede hallarle y decide nadar hasta la orilla para avisar a la policía. Mientras tanto, el joven (que ha permanecido oculto tras una boya), vuelve al barco, seduce a la mujer y luego abandona la embarcación cuando ésta retorna al puerto. El marido vuelve; por una parte no ha sido capaz de entregarse a la policía, pero por otra le atormenta la idea de haber dado muerte al joven. La mujer le asegura que el joven vive, pero el marido está convencido de que ella sólo se lo dice para tranquilizarlo. Viendo que todos sus intentos para resolver la situación fracasan, la mujer echa mano del que cree ser el argumento más poderoso y convincente y le cuenta al marido la verdad: «No sólo vive, sino que me ha seducido.» Tal «solución» no sólo no produce el cambio esperado, sino que lo impide: si el marido llega a creer que no ha matado al otro, ello sería al precio de creer que ella le ha traicionado; pero si ella no le ha sido infiel, entonces ha asesinado al rival. Otros dos ejemplos, mencionados en otro lugar, pueden considerarse incluidos en la misma categoría y tan sólo los resumiremos aquí brevemente. La constitución de un país imaginario permite debates parlamentarios ilimitados. Esta ley puede usarse para paralizar por completo los procedimientos democráticos; el partido de la oposición no tiene sino que emprender interminables discursos para hacer imposible toda decisión que no le agrade. Para escapar de este callejón sin salida, resulta absolutamente preciso cambiar dicho artículo de la constitución, pero ello puede imposibilitarse precisamente por aquello que ha de ser cambiado, es decir: por las interminables peroratas (98). El hecho de que este ejemplo no se trate de mera imaginación, sino que posea analogías reales en el mundo de las relaciones internacionales, lo demuestra otro ejemplo, aducido por Osgood:

«Nuestros líderes políticos y militares se han mostrado unánimes en sus afirmaciones de que hemos de mantenernos a la cabeza de la carrera de armamentos; han mostrado asimismo unanimidad en no decir nada acerca de lo que sucederá después. Supongamos que logramos un estado de ideal disuasión mutua... ¿qué sucederá entonces? Ningún hombre en sus cabales puede imaginar nuestro planeta girando eternamente, dividido en dos campos armados, dispuestos a destruirse el uno al otro, y que llame a esto «paz» y «seguridad». *Lo esencial consiste en que la política de disuasión mutua no incluye medios para su propia solución*» (77).

Esta última frase indica patentemente el factor de invariabilidad que impide a un sistema (término que utilizamos aquí como equivalente al de *grupo* en el sentido matemático) generar dentro de sí mismo las condiciones para un cambio $_2$. Como hemos visto, puede experimentar múltiples fenómenos de cambio $_1$, pero su estructura permanece invariable: no hay cambio $_2$.

b) La propiedad *b* del grupo, como se recordará, tiene que ver con el hecho de que una secuencia de operaciones, verificada en los miembros del grupo de acuerdo con la regla de combinación de dicho grupo, puede ser alterada sin cambiar el resultado de las operaciones. Ya hemos señalado en el capítulo I un ejemplo más bien abstracto. Más directamente relacionados con nuestro tema están los ejemplos que pueden encontrarse en el funcionamiento de complejos sistemas homeostáticos. Estos sistemas pueden discurrir a lo largo de prolongadas secuencias de estados internos, e incluso a través de prolongados periodos de observación, en las que ni siquiera dos de tales secuencias precisan ser exactamente iguales, pero alcanzan el mismo resultado, es decir: su estado estable. El homeostato de Ashby (10) representa un modelo de esto último. En el sector de la interacción humana, un modelo frecuentemente observado es el que implica a dos participantes, por ejemplo, a dos esposos, que por una u otra razón mantienen entre sí un cierto distanciamiento emocional. En este sistema no influye que uno de los participantes intente buscar un mayor contacto, ya que todo avance de uno de los participantes va seguido, de un modo predecible y observable, por una retirada del otro, de modo tal que el modelo general queda constantemente preservado[1]. Un modelo algo más complejo que muestra esencialmente la misma estructura se encuentra frecuentemente cuando un alcohólico provoca las críticas y la vigilancia de su vicio de beber por parte de su mujer. Cuando ella se queja e intenta «protegerle» contra el alcohol, el marido se da más aún a la bebida, lo cual, a su vez, da lugar a un aumento de las críticas por parte de la mujer, etc. De modo similar, cuando mejora el comportamiento de un delincuente juvenil, sus padres pueden «descubrir» un comportamiento delictivo en otro hijo considerado anteriormente como el «bueno». Y en ello no se trata de mera imaginación de los padres; la experiencia clínica muestra que, desde luego, este así llamado comportamiento contradelincuente experimenta con frecuencia acentuados cambios en cuanto el hermano que hasta entonces se comportaba mal comienza a «andar derecho». En lugar de las críticas que antes dirigía a su hermano a causa de su mal comportamiento, ahora le reprochará su buena conducta y tenderá, por lo tanto, a restablecer la situación original o bien incurrirá él mismo en la delincuencia.

Patrones o modelos similares se pueden observar en la adopción de decisiones por parte de ciertas familias. Cuando intentan proyectar algo juntos, y sea lo que fuere o que proponga uno de los miembros, los otros se sienten obligados a rechazar la idea. Un ejemplo clínico particularmente interesante nos fue recientemente referido por la profesora Selvini Palazzoli, ejemplo procedente de su labor con numerosas familias ita-

---

1. La patente regularidad de su comportamiento ha hecho que uno de nosotros (R.F.) haya afirmado que parece como si estuviesen unidos (y separados al mismo tiempo) por una invisible barra de tres metros de longitud, sujeta a sus cinturas, de modo tal que toda tentativa de un miembro de la pareja para aproximarse al otro, empuja a éste hacia atrás y viceversa, dando lugar a interminables acusaciones mutuas y a una especie de vaivén en el que nada cambia jamás fundamentalmente.

lianas que tenían hijas anoréxicas. Casi todas estas muchachas, aun cuando aborrecían la comida, mostraban un extraordinario interés por guisar y proporcionar comida al resto de su familia. La impresión general, tal como la expresa Selvini, es la de que en estas familias existe una inversión extrema, casi caricaturesca, de la función de alimentador y de alimentado. Tales secuencias de comportamiento, que mantienen aquello que Jackson ha designado como homeostasis familiar (49,50) no son exactamente inversiones de rol o papel, como las podría considerar el sociólogo, sino auténticos fenómenos de cambio $_1$, por los que diferentes comportamientos correspondientes a un repertorio limitado de comportamientos posibles son combinados en diferentes secuencias, pero que dan siempre lugar a resultados idénticos.

En general, los fenómenos de persistencia inherentes a la propiedad *b* del grupo pueden observarse con mayor frecuencia siempre que la causalidad de una secuencia es circular, más que lineal, lo cual es habitual en sistemas que funcionan con elementos interactuantes. Las carreras y escaladas de armamentos, tales como la que se da entre los países árabes e Israel, constituyen buenos ejemplos de ello. Admitiendo, para mayor sencillez, que tan sólo existen dos partes que intervienen, la circularidad de su interacción hace imposible de determinar a todo propósito práctico si una acción determinada es la causa o el efecto de una acción de la otra parte. Individualmente, desde luego, cada una de las partes considera sus propias acciones como determinadas y provocadas por las de la otra parte; pero considerado el acontecer desde fuera, en su totalidad, cualquier acción llevada a cabo por uno de los participantes constituye un estímulo que provoca una reacción, reacción que es también en sí un nuevo estímulo para aquello que la otra parte considera meramente como una reacción. Dentro de esta trama, el comportamiento *b* aplicado al comportamiento *a* es prácticamente equivalente a la aplicación de *a* a *b*, lo cual satisface la segunda propiedad de grupo, en la que como hemos visto *a*o*b* = *b*o*a*.

Las discrepancias en cuanto al modo como los participantes en una interacción «puntúan» la secuencia de acontecimientos pueden devenir las causas de graves conflictos (17, 67, 93).

c) El miembro de identidad, que constituye la base de la propiedad *c* del grupo, supone, en esencia, un *cambio* ₁ *cero* cuando se combina con cualquier otro miembro. Esto complica la presentación de ejemplos, ya que es difícil mostrar lo que *no* se verifica o bien resulta trivial señalar que cualquier cosa que no produzca cambio deja las cosas tal como estaban. Pero esto es tan sólo aparentemente así; cesa de ser trivial en el momento en que nos demos cuenta de que un cambio cero se refiere necesariamente a ambos niveles de cambio. Sin embargo, resulta de momento más sencillo poner ejemplos de la última propiedad del grupo, ya que con ello resulta más fácil de apreciar que el miembro de identidad no es precisamente *nada,* sino que posee sustancia propia.

d) La propiedad *d* del grupo, como hemos visto, se refiere al hecho de que la combinación de cualquier miembro del grupo con su recíproco o con su opuesto da el miembro de identidad. ¿Cuáles son las implicaciones prácticas de este postulado? Considerado de un modo superficial resultaría difícil imaginar un cambio más drástico y radical que la sustitución de algo por su opuesto. Pero bajo una perspectiva algo menos superficial resulta fácil apreciar que el mundo de nuestra experiencia (que es todo sobre lo que podemos hablar) está formado por parejas de contrarios y, estrictamente hablando, cualquier aspecto de la realidad deriva su sustancia o concreción de la existencia de su opuesto. Los ejemplos son numerosos y muy corrientes: luz y oscuridad, figura y fondo, bueno y malo, pasado y futuro, y muchas de tales parejas son meramente los dos aspectos complementarios de una misma realidad o trama de referencia, a pesar de su naturaleza aparentemente incompatible y mutuamente excluyente[2].

2. Véase Lao Tse: «Bajo el cielo todos pueden ver la belleza como belleza, debido a que existe la fealdad. Todos pueden conocer el bien como bien, debido a que existe el mal (69, capítulo 2). Esta interdependencia entre un miembro del grupo y su recíproco quizás se refleja más claramente en la peculiar crisis que tiene lugar cuando por una u otra razón el uno no resulta ya equilibrado por el otro, por deseable que aquél pueda aparecer a primera vista. Tan sólo entonces se puede apreciar la función estabilizadora de esta interdependencia; se trata de un hecho que se puede observar reiteradamente en la psicoterapia familiar. En caso de que mejore el

Por ejemplo: Uno de los cambios efectuados por los guardias rojos durante las primeras fases de la revolución cultural china fue la destrucción de todos los signos públicos (en calles, tiendas, edificios, etc.) que contenían cualquier referencia al pasado reaccionario y burgués y su sustitución por denominaciones revolucionarias. ¿Es que podía haber una más radical ruptura con el pasado? Pero dentro del amplio contexto de la cultura china, tal ruptura se hallaba por completo de acuerdo con aquella norma fundamental que Confucio designaba como la *rectificación de nombres* y que está basada en la creencia de que el nombre «auténtico» produce la realidad «auténtica» más bien que opinar, como hacemos los occidentales, que los nombres *reflejan* la realidad. En efecto: el cambio de nombres impuesto por los guardias rojos era del tipo de cambio $_1$; no solamente dejó intacto un antiguo rasgo de la cultura china, sino que, además, lo reactualizó. Por tanto, no se dio ningún cambio $_2$, hecho que probablemente habría sido difícil de apreciar por los guardias rojos.

estado del llamado paciente (es decir: del miembro de la familia que lleva la etiqueta oficial representada por un diagnóstico psiquiátrico), no causa ello por lo general gran alegría, sino que el sistema familiar intenta más bien hacer que el «paciente» retorne a su función de víctima propiciatoria (con mucha frecuencia definiendo toda mejoría como una evidencia más de su locura). Por desagradable que sea en sí, un problema irresuelto puede constituir muy bien una especie de solución, como lo describe magistralmente Constantino Kavafis en su poema «Esperando a los bárbaros»: Roma está aguardando la invasión de los bárbaros; el emperador, los senadores, cónsules y pretores están reunidos para recibirlos a las puertas de la ciudad, la vida en ésta casi se ha paralizado, ya que una vez que los bárbaros estén aquí, todo será distinto. Luego:

> ¿Por qué estas súbitas confusión e inquietud?
> (Qué expresión tan solemne adoptan ya sus rostros)
> ¿Por qué calles y plazas se vacían tan pronto
> Y todos, pensativos, retornan a sus casas?
> Porque llegó la noche, pero no aquellos bárbaros.
> Y gentes que han venido hoy desde la frontera
> Dicen que ya no hay bárbaros.
> ¿Y ahora qué será de nosotros sin bárbaros?
> *Al fin* y *al cabo eran una gran solución.*

Las cosas pueden ser «tan diferentes como el día y la noche» y el cambio de una a otra puede aparecer como extremo y último y sin embargo, paradójicamente, dentro de un contexto más amplio (dentro del grupo, considerado éste en sentido matemático), nada puede haber cambiado en absoluto. Se afirma que el comandante de una unidad norteamericana en Vietnam señaló en una ocasión lo siguiente: «A fin de salvar a la ciudad, tuvimos que destruirla», ignorando probablemente tanto el tremendo absurdo como el profundo significado de su mensaje. Una de las falacias más corrientes acerca del cambio es la de que si algo es malo, lo contrario tiene que ser forzosamente bueno. La mujer que se divorcia de un hombre «débil» a fin de casarse con un hombre «fuerte» descubre con amargura que si bien su segundo matrimonio tenía que ser exactamente lo contrario que el primero, nada ha cambiado en el fondo. La invocación de un intenso contraste ha sido siempre una técnica de propaganda favorita de los políticos y dictadores. «¿Nacionalsocialismo o caos bolchevique?» interrogaba pomposamente un cartel nazi de propaganda, implicando que tan sólo existían estas dos alternativas y que todos los hombres de buena voluntad debían elegir lo evidente. *Erdäpfel oder Kartoffel?* («¿Papas o patatas?») se leía en una pequeña etiqueta que un grupo clandestino fijó por centenares en dichos carteles, provocando una intensa investigación de la Gestapo.

Esta extraña interdependencia de los contrarios era ya conocida por Heraclito, el gran filósofo del cambio, el cual la designó como *enantiodromia*. Este concepto fue adoptado por C.G. Jung, el cual lo consideró como un mecanismo físico fundamental: «Todo extremo psicológico contiene secretamente su propio contrario o se halla a su respecto en una íntima y esencial relación... No existe costumbre inveterada que no pueda en alguna ocasión transformarse en lo contrario, y cuanto más extrema es una posición, tanto más fácilmente es de esperar una enantiodromia, una conversión de algo en su contrario» (53). Nuestra historia abunda en ejemplos de enantiodromias. Así por ejemplo, cuando el helenismo alcanzó su más depurada espiritualidad, sobrevino una irrupción de elementos oscuros, caóticos, órficos a partir del Asia Menor. La romántica idealización de las mujeres en la era trovadoresca de los siglos XI a

XIII y su contrapartida religiosa, el culto fervoroso a la Virgen María, a partir del siglo XI, tenía una contrapartida extraña y terrorífica, que la acompañaba a través de la historia: la aparición y el horrible *crescendo* de la caza de brujas. María y la bruja, dos aspectos de la femineidad que difícilmente pueden ser más antitéticos y polares, y sin embargo son sólo una pareja de contrarios[3]. Más adelante, en la era de la ilustración, vemos a la Virgen María reemplazada por la diosa Razón, que a su vez queda destronada por el romanticismo y el «descubrimiento» del inconsciente por C.G. Carus. Y para aventurarnos a una predicción, podemos apostar tranquilamente que los descendientes de nuestra actual generación de *hippies* desearán desempeñar la gerencia de un banco y sentirán el más profundo desprecio por las comunas, al paso que sus bienintencionados y a la vez desconcertados padres se preguntarán angustiosamente en qué fallaron respecto a sus propios hijos.

Si tenemos en cuenta estos ejemplos, el concepto del miembro de identidad nos parecerá algo más claro. Como hemos señalado anteriormente en *c)*, combinado con un miembro del grupo preserva la identidad de *dicho miembro* (es decir: produce un cambio $_1$ equivalente a cero); mientras que la combinación de un miembro del grupo con su contrario preserva la identidad del *grupo* (es decir: produce el miembro de identidad y por tanto cero cambio $_2$). Por ejemplo: constituye la naturaleza de la tradición asegurar la persistencia, en caso preciso mediante una acción correctora. Como base de acción, la tradición puede ser considerada, por tanto, como ejerciendo la función de un miembro de identidad. Por otra parte, está en la propia naturaleza de la revolución el ocasionar cambios. Pero como muestra el ejemplo de los guardias rojos, puede existir una acción revolucionaria que sea en sí un modo tradicional de intentar cambios. Este tipo de acción posee así la función de un recíproco o contrario y, como hemos visto, preserva la identidad de un sistema social. De hecho, la historia ofrece una enorme lista de revoluciones cuyos resultados fueron, en gran medida, condiciones idén-

3. En el hinduismo, esta pareja de contrarios está representada mucho más adecuadamente *por una sola* divinidad: la diosa Kali, que crea y destruye.

ticas a las que la revolución se proponía superar y sustituir por un nuevo mundo feliz[4]. En los asuntos humanos cotidianos, el eventual reconocimiento de este cambio cero puede hacer que las mentes más sobrias lleguen a la triste conclusión siguiente: «Probablemente habríamos hecho mejor dejando las cosas tal como estaban.»

Pero esta conclusión no constituye en modo alguno la regla general; lo más frecuente es que el peculiar efecto «cero» del miembro de identidad sea aún más importante, debido a su «invisibilidad». Una cosa es advertir, tomar en cuenta o argumentar acerca de algo tan patente como un cambio de algo en su contrario, pero resulta muy difícil especialmente en las relaciones interhumanas, darse cuenta del hecho de que tal cambio no representa cambio alguno dentro de la pauta general. Gran parte de los conflictos humanos y muchas soluciones engendradoras de conflictos son debidas a tal ceguera. En el capítulo IV presentaremos ejemplos adicionales.

Hasta aquí hemos ofrecido ejemplos acerca de las cuatro propiedades de los grupos. Nos muestran que ninguna propiedad —así como ninguna de sus combinaciones— puede producir cambio $_2$. Un sistema que pase por todos sus posibles cambios internos (sea cual fuere su número) sin que se verifique en él un cambio sistémico, es decir: un cambio $_2$, puede considerarse como enzarzado en un *juego sin fin* (97). No puede generar desde su propio interior las condiciones para su propio cambio; no puede producir las normas para el cambio a partir de sus

4. Con su fina intuición, Dostoievski caricaturiza este círculo vicioso en *Los Poseídos*. Shigalióv, el autor de un estudio enormemente complejo «de la organización social que en el futuro habrá de sustituir al presente estado de cosas» y que garantizará una completa libertad, se está dirigiendo a un grupo de conspiradores. Desea explicar sus pensamientos en forma abreviada, pero esta explicación «"ocupará por lo menos diez sesiones nocturnas, una para cada uno de mis capítulos" (se oyeron risas). "He de añadir, por otra parte, que mi sistema no está aún completo" (más risas). "Estoy perplejo ante mis propios datos y mis conclusiones se hallan en directa contradicción con la idea original de la que he partido. Partiendo de una ilimitada libertad, he llegado a un despotismo sin límites. Quiero añadir, sin embargo, que no puede existir otra solución de la fórmula social sino la mía" (las risas iban en aumento)» (28).

propias normas. Estamos de acuerdo en que existen juegos que tienen su término en su propia estructura y que alcanzarán dicho término más pronto o más tarde. Ya sean sus soluciones felices o dolorosas, tales juegos no conducen a los círculos viciosos que se dan invariablemente en las raíces de un conflicto humano. Los juegos sin fin son precisamente lo que su propio nombre indica: son interminables en el sentido de que no contienen en sí condiciones para su propia terminación. La terminación (como el despertar, en el ejemplo puesto en páginas anteriores acerca de una pesadilla) no constituye parte del juego, no es un miembro de dicho grupo; la terminación es *meta* con respecto al juego, es de un tipo lógico diferente a cualquier movimiento (cualquier cambio$_1$) dentro del juego.

Existe, sin embargo, el hecho innegable de que, muy lejos de ser imposible, el cambio $_2$ constituye un fenómeno que se da cotidianamente: la gente encuentra nuevas soluciones, los organismos sociales son capaces de auto rectificación, la naturaleza encuentra siempre nuevas adaptaciones y el proceso total de los descubrimientos científicos o de la creación artística se basa precisamente en el paso dado desde una urdimbre vieja a una nueva urdimbre. De hecho, el criterio más útil para juzgar la viabilidad o salud de un sistema es exactamente aquella extraña capacidad, fuera de lo común, que demostró el barón Münchhausen cuando se sacó a sí mismo del cenegal tirándose de su propia coleta.

Pero la aparición del cambio$_2$ es considerada corrientemente como algo incontrolable e incluso incomprensible, como un salto cuántico, una súbita iluminación que sobreviene de modo impredictible al final de un prolongado parto mental y emocional, con frecuencia frustrante, a veces durante un sueño, o casi como un acto de gracia en el sentido teológico.

Koestler, en su *Act of Creation* ha coleccionado una serie enciclopédica de ejemplos de este fenómeno y ha introducido el concepto de *bisociación*. Según dicho autor, bisociación es «el hecho de percibir una situación o una idea en dos sistemas de referencia, consistentes en sí mismos pero habitualmente incompatibles» (59) y «la súbita bisociación de un acontecimiento mental con dos matrices habitualmente incompatibles da lugar a una abrupta transferencia del curso del pensamiento desde un contexto asociativo a otro» (60). En un brillante trabajo, Bronowski se ocupa del mismo problema y asigna asimismo al salto decisivo una naturaleza impredictible, casi siempre casual: no sabemos cómo ocurre tal acontecimiento, no existe modo de saberlo.

«Es un libre juego de la mente, una invención aparte de los procesos lógicos. Se trata del acto central de la imaginación en la ciencia y es, en todos sus aspectos, similar a cualquier acto análogo en literatura. A este respecto son similares la ciencia y la literatura: en ambas, la mente decide enriquecer el sistema en el que se basa mediante una adición realizada por un acto no mecánico de libre elección» (27).

A pesar de esta combinación de autoridad y sentido común, en nuestra experiencia el cambio $_2$ aparece como impredictible, abrupto, ilógico, etc., tan sólo en términos de cambio $_1$, es decir, desde dentro del sistema[5].

En realidad, así debe ser, ya que, como hemos visto, el cambio $_2$ resulta introducido en el sistema desde el exterior y por tanto no es algo familiar o inteligible en términos de las vicisitudes de cambio $_1$. De aquí su naturaleza chocante y aparentemente caprichosa. Pero visto desde fuera del sistema, supone meramente un cambio de las premisas (las reglas de combinación en términos de la teoría de los grupos) que rigen al

5. Desde 1931, cuando Gödel publicó su famoso teorema de indecibilidad (41) utilizando como base los *Principia Mathematica*, podemos abandonar ciertamente la esperanza de que cualquier sistema lo suficientemente complejo como para incluir la aritmética (o bien, como ha demostrado Tarski (88), cualquier lenguaje de complejidad análoga) sea capaz de demostrar su consistencia dentro de su propia urdimbre. Esta prueba puede proceder tan sólo del exterior, basada en axiomas, premisas, conceptos, comparaciones, etc., adicionales, que el sistema original no puede generar o probar y que, a su vez, son tan sólo demostrables si se recurre a una urdimbre más amplia y continuando así en una serie infinita de metasistemas, metametasistemas, etc. De acuerdo con los *Principia Mathematica*, cualquier afirmación acerca de una colección (y la prueba de consistencia es una afirmación de este tipo) implica a toda la colección y no puede, ni debe por tanto, ser parte de la misma.

sistema *como totalidad.* Es indudable que este grupo de premisas puede estar a su vez sometido a la invariabilidad del grupo y cualquier cambio de dichas premisas ha de ser por tanto introducido a partir de un nivel aún más elevado (es decir: un nivel que sea *meta-meta* con respecto al sistema original y *meta* con respecto a las premisas que rigen a dicho sistema en su totalidad). Sin embargo —y éste es un punto eminentemente práctico y crucial— para efectuar un cambio dentro del sistema original es suficiente con no ir más allá del meta-nivel.

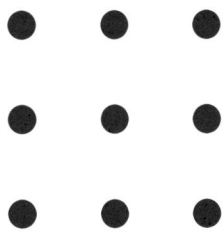

FIGURA 1

Un ejemplo hasta cierto punto abstracto, pero muy sencillo, expresará más claramente esto. Los nueve puntos representados en la figura 1 deben ser conectados entre sí mediante cuatro líneas rectas sin levantar el lápiz del papel. El lector que no conozca este problema hará bien en detenerse aquí e intentar la solución del mismo sobre una hoja de papel, antes de continuar leyendo y sobre todo, antes de ver la solución (figura 2).

Casi todos los que intentan por vez primera resolver este problema introducen como parte de la solución un supuesto que hace esta última imposible. El *supuesto* consiste en que los puntos constituyen un cuadrado y que la solución debe hallarse dentro de este último, condición autoimpuesta que no está contenida en las instrucciones. Así pues, el fallo no reside en la imposibilidad de la tarea, sino en la propia solución intentada. Habiéndose así creado el problema, no importa en absoluto la combinación de las cuatro líneas que se intenta y el orden en que ello se haga: se terminará siempre, por lo menos, con un punto no conectado. Ello significa que se pueden recorrer todas las posibilidades de cambio $_1$ existentes dentro del cuadrado, pero que jamás se resolverá el problema. La solución consiste en un cambio $_2$, en abandonar el campo en que se intenta la solución y al que no puede estar contenida, ya que, en el lenguaje de los *Principia Mathematica,* ésta comprende la colección entera y, por tanto, no puede ser parte de la misma[6]. Muy pocos llegan a resolver por sí solos el problema de los 9 puntos. Aquellos que fallan y renuncian experimentan por lo general una sorpresa ante la inesperada simplicidad de la solución (véase figura 2). Resulta evidente la analogía de este ejemplo con multitud de situaciones reales de la vida.

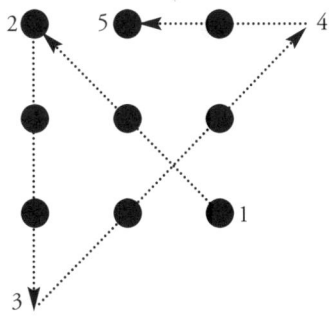

FIGURA 2. Solución del problema de los 9 puntos.

6. He aquí otras dos ilustraciones de esta crucial distinción entre «dentro» y «fuera»: uno mismo no puede obtener una percepción visual completa del propio cuerpo (al menos no directamente), ya que los ojos, como órganos perceptores, son parte de la totalidad que ha de ser percibida o bien, como lo expresa un maestro zen: «la vida es una espada que hiere, pero no se puede herir a sí misma; al igual que el ojo ve, pero no se puede ver a sí mismo». Por la misma razón, resulta extremadamente difícil alcanzar algo más que no sea un entendimiento superficial de la propia cultura; debe abandonarse y estar entonces preparado para experimentar un *shock* cuando se contempla desde fuera (es decir: desde el punto de vista de otra cultura), como bien saben todos los antropólogos y muchos voluntarios del Cuerpo de la Paz.

Todos nos hemos sentido encerrados en alguna ocasión en una especie de jaula y entonces daba lo mismo que intentásemos hallar la solución de un modo sereno y lógico o bien, lo cual es más frecuente, recorriendo frenéticamente círculos viciosos. Pero, como ya hemos dicho, es tan sólo desde dentro de la jaula, desde dentro de la perspectiva del cambio $_1$, que la solución se nos aparece como un sorprendente rayo de inspiración que está más allá de nuestro control. Desde la perspectiva del cambio $_2$ se trata de un simple cambio desde una serie de premisas hasta otra serie del mismo tipo lógico. Una serie implica la norma de que el problema ha de resolverse dentro del ámbito en que se cree ha de encontrarse la solución; la otra serie no implica tal premisa. Es decir: la solución se descubre como resultado de examinar los supuestos *acerca* de los puntos y no los puntos en sí[7]. O bien, para hacer la misma afirmación en términos más filosóficos: resulta claramente distinto que nos consideremos como peones de un juego cuyas reglas designamos como realidad, o bien

7. Aquí puede resultar conveniente comparar esta manera de resolver problemas y esta clase de cambio con los supuestos que constituyen las raíces de las escuelas más clásicas de psicoterapia. Se postula en general que el cambio acontece a través del *insight* de las causas que en el pasado fueron responsables de las alteraciones actuales. Mas, como muestra el ejemplo representado por el problema de los nueve puntos, no existe razón convincente alguna para tal incursión en el pasado; la génesis de los supuestos que impiden la solución es secundaria, el problema se resuelve, ahora y aquí, dando un paso que conduce fuera de la jaula. Los clínicos se van dando cuenta cada vez más de que, si bien el *insight* puede proporcionar *explicaciones* muy sutiles de un síntoma, poco hace para mejorarlo.

Este hecho empírico conduce a una importante conclusión epistemológica. Todas las teorías tienen sus limitaciones, lógicamente derivadas de sus premisas. En el caso de las teorías psiquiátricas, tales limitaciones son atribuidas frecuentemente a la naturaleza humana. Así por ejemplo, dentro de la teoría psicoanalítica, la desaparición del síntoma sin que se solucione el conflicto subyacente que es responsable del mismo, *debe* dar lugar a una sustitución de dicho síntoma por otro. Mas ello no es debido a que tal complicación estribe en la naturaleza de la *mente* humana, sino que estriba en la propia naturaleza de la *teoría*, es decir: en las conclusiones que lógicamente se derivan de sus premisas. Los psicoterapeutas de la conducta, por su parte, se basan en teorías acerca del aprendizaje y de la extinción y por tanto no «necesitan» preocuparse de las temidas consecuencias de la eliminación de síntomas.

como jugadores que saben que las reglas del juego tan sólo son «reales» en la medida en que las hemos creado o las hemos aceptado y que podemos cambiarlas. Volveremos más detalladamente sobre este tema en el capítulo VIII.

Mas todo ello presupone un conocimiento acerca de la estructura lógica de nuestro universo y de la necesidad de mantener netamente separados los niveles del discurso lógico. La teoría de los tipos lógicos pone de manifiesto que no debemos hablar acerca de una clase en el lenguaje que resulta apropiado para sus miembros. Ello constituiría un error en cuanto a la tipificación lógica y conduciría a paradojas que nos sumirían en una perplejidad sin salida. Tales errores de tipificación pueden tener lugar de dos modos: bien por adjudicar incorrectamente una propiedad particular a la clase, en lugar de al miembro, (o viceversa), o bien por descuidar la patente e importante distinción entre clase y miembro y por tratar a ambos como si correspondiesen al mismo nivel de abstracción. Recordemos que el cambio $_2$ corresponde a un nivel inmediatamente superior, a un nivel (n + 1), al del cambio $_1$. Por lo tanto no puede ser expresado en el lenguaje apropiado al cambio $_1$ o realizado con los métodos aplicables al nivel de cambio $_1$ sin dar lugar a las más paradójicas y dudosas consecuencias[8]. Así por ejemplo, se podrían evitar algunas de las tragicómicas controversias entre psicólogos experimentales y psiquiatras si se diesen cuenta de que cuando los primeros hablan de cambio se refieren por lo general a cambio $_1$ (es decir: a un cambio desde un comportamiento, o a otro, dentro de un modo determinado de comportarse) mientras que los psiquiatras se preocupan predominantemente por el cambio $_2$ (es decir, por el cambio desde un modo de comportarse, a otro), si bien con frecuencia no son conscientes de ello. Bateson, cuya más importante contribución a las ciencias del comportamiento es probablemente la aplicación a las mismas de la teoría de

---

8. La mayoría de las modalidades de humor se basan sobre una deliberada confusión entre miembro y clase; la afirmación de Groucho Marx que encabeza el presente capítulo constituye un clásico ejemplo de ello. Con respecto a una consideración detallada de este tema, véase Fry (38).

los tipos lógicos y cuyas enseñanzas reconocemos agradecidos los autores del presente libro, ha resumido este estado de cosas al afirmar: «Mientras los científicos del comportamiento continúen ignorando la problemática de los *Principia Mathematica,* tienen que aceptar que van aproximadamente con sesenta años de retraso» (18).

PARTE SEGUNDA

FORMACIÓN DE PROBLEMAS

III. «MÁS DE LO MISMO» o CUANDO LA SOLUCIÓN ES EL PROBLEMA

Levantamos primero la polvareda y luego nos quejamos de no poder ver.

BERKELEY

Y ahora que habéis roto el muro con vuestra cabeza ¿qué haréis en la celda de al lado?

S.J. LEC, New Unkempt Thoughts

Por lo general, lo que promueve el cambio (incluso en determinados aspectos del crecimiento y del desarrollo) es la desviación con respecto a alguna norma. Cuando llega el invierno y comienza a descender la temperatura, las habitaciones han de ser caldeadas y se han de llevar ropas de abrigo, a fin de permanecer a gusto. Si la temperatura desciende más aún, se precisa de más calefacción y de ropas de más abrigo. Es decir: el cambio resulta necesario para restablecer la norma, tanto para la comodidad como para la propia supervivencia. El cambio deseado se verifica mediante aplicación de lo contrario de lo que produjo la desviación (por ejemplo: calor contra el frío), de acuerdo con la propiedad *d* del grupo. Si esta acción correctora resulta insuficiente, la aplicación de *más de lo mismo* da eventualmente lugar al efecto deseado. Este tipo sencillo y «lógico» de solución de problemas no solamente se aplica a múltiples situaciones de la vida cotidiana, sino que se halla asimismo en la raíz de miríadas de procesos interactivos en fisiología, neurología, física, economía y muchos otros campos.

Sin embargo, esto no es todo. Consideremos algunas otras situaciones, evidentemente similares. El alcoholismo constituye un grave problema social. Se han de establecer por tanto restricciones en cuanto al consumo de alcohol y cuando ello no basta para eliminar el problema, se ha de llevar el principio de «más de lo mismo» hasta su última consecuencia: la prohibición. Mas la prohibición como cura de dicho mal social es peor que la enfermedad: el alcoholismo aumenta, surge toda una industria clandestina de fabricación de bebidas alcohólicas, la baja calidad de sus productos acentúa el problema de salud pública del alcoholismo, se hace precisa una policía especial para combatir a los contrabandistas de alcohol, la cual por lo general resulta a la larga corrompida, etc. Cuando el problema llega a agravarse de este modo, la prohibición se va haciendo cada vez más rígida, pero aquí, el principio de *más de lo mismo* no produce «sorprendentemente» el cambio deseado, sino que por el contrario, la «solución» contribuye en gran medida a aumentar el problema y, de hecho, se convierte eventualmente en el mayor de ambos males (es decir: por una parte el mal de un cierto porcentaje de alcohólicos dentro de la población general y, por otra, un extenso contrabando, una gran corrupción y un aumento de negocios delictivos, *además* de una elevada cota de alcoholismo).

Este ejemplo sirve asimismo para ilustrar otro importante punto, a primera vista contradictorio, acerca del cambio en las situaciones de la vida real. En los términos abstractos de la teoría de grupos, los miembros de un grupo (por ejemplo: números enteros, partículas) son concebidos como no cambiantes en cuanto a sus propiedades particulares; aquello que puede experimentar considerables cambios es su secuencia, sus relaciones mutuas, etc. En la vida real, si bien ciertos problemas humanos pueden continuar a un nivel constante de gravedad, hay muchos que no permanecen igual durante mucho tiempo, sino que tienden a aumentar y acentuarse si no se alcanza ninguna solución o la solución alcanzada es errónea y sobre todo si se aplica *más* de la misma solución equivocada. Cuando esto sucede, la situación puede permanecer similar o idéntica desde el punto de vista estructural, pero la intensidad de la dificultad y del sufrimiento impuesto aumenta. El lector debe tener en cuenta esta distinción, ya que por otra parte nuestros próximos ejemplos parecen implicar una contradicción consistente en que, por una parte, el problema es presentado como permaneciendo sin modificar, mientras que por otra es descrito como empeorando constantemente.

¿Es la pornografía un pernicioso mal social? Para muchas gentes la respuesta consiste en un sí indudable (y jamás puesto en tela de juicio). Es por tanto lógico combatir y reprimir la pornografía mediante todos los medios legales disponibles. Pero el ejemplo danés ha mostrado que la liberalización completa de la pornografía no sólo no ha abierto las compuertas que nos inunden con el pecado y la depravación generales, sino que ha hecho que el público llegue a ridiculizarla y a ignorarla[1]. En el caso de la pornografía, por tanto, la solución consistente en «más de lo mismo» no es meramente el mayor de dos problemas, sino que *es* el problema, ya que sin la «solución» no existiría problema.

Resulta extraño observar cómo, por una parte, resulta patente lo absurdo de este tipo de solución, mientras que, por otra, se vuelve a intentar una y otra vez esta forma de cambio, como si aquellos que son responsables de llevar a cabo el cambio fuesen incapaces de deducir las necesarias conclusiones a partir de la historia[2]. El hiato existente entre las generaciones puede considerarse como un ejemplo más. Los dolorosos roces entre la generación de los viejos y la de los jóvenes ha existido evidentemente durante mucho tiempo y ha sido lamentada en términos notablemente estereotipados a través de milenios[3]. Mas por antiguo que sea el problema, nadie parece haber encontrado un camino para modificarlo y existen así motivos para creer que no tiene solución. En la actualidad, sin embargo, hay mucha gente convencida de que el hiato entre las generaciones puede y debe desaparecer. *Esta convicción,* y no el hiato

---

1. En el momento en que escribimos estas líneas, las «fábricas» de pornografía danesas continúan trabajando a toda marcha, pero su producción va a parar casi exclusivamente a aquellos países cuyos ciudadanos continúan estando «protegidos» por la ley contra aquélla.

2. Así por ejemplo, el deplorable fracaso del experimento realizado en Estados Unidos con la prohibición no ha impedido a la república de la India incluir la prohibición, 14 años después de su abrogación en los Estados Unidos, entre sus leyes constitucionales, incurriendo así exactamente en los mismos problemas.

3. Una tablilla babilónica de ladrillo, cuya edad ha sido calculada en 3000 años por lo menos, dice: «La juventud de hoy está corrompida hasta el corazón, es mala, atea y perezosa. Jamás será lo que la juventud ha de ser ni será nunca capaz de preservar nuestra cultura.»

entre las generaciones, es lo que crea un sinnúmero de problemas —sobre todo a través de una polarización aumentada entre las generaciones— mientras que antes existía tan sólo una dificultad con la cual la humanidad se había acostumbrado al parecer a vivir. Mas ahora que se ha incrementado una incipiente polarización, son cada vez más numerosos los que comienzan a advertir que es preciso hacer más. «Más de lo mismo» es su receta para obtener un cambio y esta «solución» es el problema.

Opinamos que la misma complicación está en la raíz de numerosos problemas humanos, de índole contumaz, en los que el sentido común indicaría que el modo de contrarrestar un hecho doloroso o perturbador consistiría en introducir su contrario en la situación. Así por ejemplo ¿qué sería más natural para los parientes y amigos que intentar animar a una persona deprimida? Pero lo más seguro es que esta última no sólo no se beneficie con ello, sino que hunda más aún en su depresión. Esto, a su vez, hace que los demás intensifiquen sus esfuerzos para que el deprimido vea las cosas con algo más de optimismo. Guiados por la «razón» y el «sentido común», son incapaces de ver (y el paciente es incapaz de decir) que lo que esta ayuda involucra es una exigencia de que el paciente tenga ciertos sentimientos (alegría, optimismo, etcétera) y no otros (tristeza, pesimismo, etc.). El resultado de ello es que si el paciente presentaba en un principio una tristeza tan sólo temporal, ésta se mezcle ahora con sentimientos de fracaso, de maldad y de ingratitud con respecto a aquellos que le aman tanto y están esforzándose tanto por ayudarle. Es *esto* último lo que constituye entonces la depresión y no la tristeza original. Tal estado de cosas puede observarse con frecuencia en familias en las que los padres están firmemente convencidos de que un niño criado en un ambiente confortable ha de ser un niño feliz y consideran como un silencioso reproche incluso el más normal y pasajero estado de tristeza o de irritabilidad de su hijo, estableciéndose por tanto la ecuación «tristeza = maldad». La orden de «vete a tu cuarto y no salgas de él hasta que no se te quite esa cara de mal genio» es uno de los múltiples modos como los padres pueden intentar provocar un cambio en el niño. El estado de ánimo del niño no solamente implicará ahora un sentimiento de culpa por no sentir aquello que «debe» sentir para ser «bueno» y aceptado por los demás, sino también una rabia impotente por aquello que se le hace; dos sentimientos que los padres pueden agregar entonces a la lista de los que el niño no debe tener. Una vez que se ha establecido este patrón consistente en tratar inadecuadamente una dificultad, que en el fondo carece de importancia, y se ha convertido en algo habitual, el refuerzo exterior (que aquí consiste en los esfuerzos realizados por los padres para dar lugar a un cambio) no es ya necesario. La experiencia clínica muestra que el individuo se aplicará eventualmente a sí mismo la «solución» causante de depresiones y quedará así apto para ser etiquetado como paciente.

Una forma esencialmente idéntica y contraproducente de resolver problemas es la intentada por una persona que tiene dificultad en dormirse, trastorno muy corriente y conocido prácticamente por todo el mundo. El error en que incurren la mayoría de los que padecen insomnio es el de intentar forzarse a sí mismos a dormir mediante un acto de voluntad, con lo que únicamente logran mantenerse aún más despiertos. El sueño, por su propia naturaleza, es un fenómeno que tan sólo puede tener lugar espontáneamente, pero no puede ocurrir por sí solo si se le desea mediante un esfuerzo de voluntad. Pero el insomne que se desespera de manera creciente al ver que va transcurriendo el tiempo y que no se duerme, está haciendo precisamente eso, y la «cura» que intenta se convierte en realidad en su enfermedad. La fórmula de «más de lo mismo» puede dar aquí lugar a cambios dietéticos, a modificaciones en el horario de irse a la cama, a la toma de hipnóticos y a una subsiguiente dependencia con respecto a fármacos; cada uno de estos pasos, en lugar de resolver el problema, lo intensifica.

En la psicoterapia conyugal, se puede observar frecuentemente cómo ambos esposos adoptan comportamientos que cada uno de ellos considera como la reacción más apropiada frente a algo mal hecho por el otro. Es decir, cada uno de ellos considera el comportamiento correctivo particular del otro como aquel comportamiento que precisa corrección. Así por ejemplo, una mujer puede tener la impresión de que su marido no es lo suficiente abierto a su respecto, como para decirle dónde va, qué es lo que piensa, qué es lo que hace cuando está fuera de casa, etc. Como es natural, intentará obtener la información que desea dirigiéndole preguntas, vigilando su comportamiento y sometiéndole a prueba de otros modos. Si él, por su parte, considera la conducta de su mujer demasiado entrometida, se negará a proporcionarle una información que en sí puede ser bastante inocente y carecer de importancia —«para enseñarle a no meterse en lo que no le importa»—; pero en lugar de conseguir que ella renuncie a su actitud, tal tentativa de solución no solamente no da lugar a que ella cambie de comportamiento en el sentido que él desea, sino que hace que aumenten las preocupaciones y la desconfianza de ella: «si no me quiere contar ni esas pequeñas cosas, es que *debe* haber algo más». Cuanto menos la informa él, más insistirá ella en enterarse, y cuanto más insista ella, tanto menos cederá él. Cuando por último acuden al psiquiatra, éste diagnosticará el comportamiento de la esposa como de celos patológicos, siempre que no preste atención al modo de interacción de los cónyuges y a las soluciones que intentan y que *constituyen* el auténtico problema.

Lo que los ejemplos antes citados tienen en común y desean demostrar es que, en determinadas circunstancias, pueden surgir problemas como mero resultado de un intento equivocado de cambiar una dificultad existente[4] y esta clase de formación de problemas puede surgir en cualquier aspecto del funcionamiento humano: individual, dual, familiar, sociopolítico, etc. En el caso de los dos esposos, que acabamos de mencionar, el observador tiene la impresión de que se trata de dos marineros, inclinado cada uno de ellos a un lado de la barca a fin de mantener el equilibrio de ésta; cuanto más se incline uno de ellos fuera de la borda, tanto más se ha de inclinar el otro para compensar la inestabilidad creada por el primero en sus tentativas para estabilizar la embarcación, mientras que esta última permanecería bastante estabilizada a no ser por los acrobáticos esfuerzos de sus tripulantes (véase figura 3). No resulta difícil observar que para hacer cambiar tan absurda situación,

---

4. O bien, de modo más absurdo aún, puede no existir incluso dificultad alguna, como mostraremos en el capítulo V.

A.A. Woid

FIGURA 3: *La pareja intenta frenéticamente estabilizar una barca que está ya en posición estable.*

uno de ellos debe hacer algo que parece bastante irracional, es decir: inclinarse *menos* y no más fuera de la borda, ya que ello forzará inmediatamente al otro a hacer lo mismo (a no ser que quiera acabar cayendo al agua) y así ambos acabarán confortablemente instalados en el interior de la embarcación, permaneciendo ésta bien equilibrada. Este modo de efectuar un cambio, que parece ir contra el sentido común, será tema del capítulo VII. Terminaremos el presente capítulo mostrando cómo los ejemplos arriba citados se ajustan a nuestra teoría del cambio.

Como ilustra el primer ejemplo (calor contra frío), existen innumerables situaciones en las que una desviación de una norma puede retornar a esta última mediante la aplicación de su contrario. En términos de la teoría cibernética, se trataría de un sencillo fenómeno de *feedback* negativo[5] mediante el cual un sistema recupera y mantiene su estabilidad interna. Desde el punto de vista de la teoría de los grupos, este proceso homeostático posee la cuarta propiedad de grupo, ya que su resultado es el miembro de identidad o cambio cero. Como hemos mencionado, existen innumerables casos en los que esta forma de resolver problemas y de cambio proporciona una solución válida y satisfactoria. En todos estos casos, el potencial de cambio $_1$ inherente al sistema puede compensar la alteración, permaneciendo inmodificada la estructura del sistema.

Todos los demás ejemplos presentados en este capítulo corresponden a casos en los que el cambio $_1$, sean cuales sean las propiedades del grupo implicadas, resulta incapaz de efectuar el cambio deseado, ya que aquí es la propia estructura del sistema la que ha de experimentar un cambio, y ello puede ser tan sólo efectuado al nivel de cambio $_2$. En nuestro ejemplo del automóvil, ello significa que se han de cambiar las marchas, más bien que pisar el acelerador a fondo; en términos de la teoría cibernética, ello significa que el cambio tiene que llevarse a cabo según una función-paso*. El intento de realizar un cambio $_1$ en tales circunstancias o bien contribuye a acentuar el problema que se supone ha de resolver o bien constituye en sí el propio problema.

A riesgo de parecer que nos enredamos en minucias semánticas, deseamos establecer aquí una clara distinción entre nuestro uso de los términos *dificultades* y *problemas*. Cuando en lo que sigue hablemos acerca de dificultades, nos referiremos sencillamente a un estado de cosas indeseable que, o bien puede resolverse mediante algún acto de sentido común (por lo general de tipo de cambio $_1$, por ejemplo: calor con-

5. Para el lector que no está familiarizado con la terminología cibernética hemos de señalar que el «*feedback* negativo» se refiere a lo opuesto o distinto de una desviación existente. No se trata, por tanto, de un juicio de valor.

* El término «función-paso», adoptado en la traducción castellana de la obra de Ashbys, *Introducción a la cibernética*, podría ser más propiamente traducido por «función escalonada». Nota del traductor.

tra frío) y para el cual no se precisan especiales capacidades para resolver problemas, o bien, con mayor frecuencia, nos referiremos a una situación de la vida, indeseable pero por lo general bastante corriente, y con respecto a la cual no existe solución conocida y que hay que saber sencillamente conllevar, al menos durante cierto tiempo. Cuando hablemos de problemas nos referiremos a callejones sin salida, situaciones al parecer insolubles, crisis, etc., creados y mantenidos al enfocar mal las dificultades. Existen fundamentalmente tres modos de enfocar mal las dificultades:

1) Intentar una solución negando que un problema lo sea en realidad: *es preciso actuar, pero no se emprende tal acción.*

2) Se intenta un cambio para eliminar una dificultad que desde el punto de vista práctico es inmodificable (por ejemplo: el hiato generacional o bien un cierto porcentaje de alcohólicos dentro de la población general) o bien inexistente: *se emprende una acción cuando no se debería emprender.*

3) Se comete un error de tipificación lógica y se establece un «juego sin fin» cuando se intenta un cambio $_1$ en una situación que tan sólo puede cambiarse a partir del nivel lógico inmediatamente superior (por ejemplo: el problema de los nueve puntos, o bien los errores de sentido común ilustrados en los ejemplos de la depresión, el insomnio y los celos) o bien, se intenta un cambio $_2$ cuando resultaría adecuado un cambio $_1$ (por ejemplo, cuando se exige de alguien un cambio de «actitud» y no simplemente un cambio determinado de comportamiento): *la acción es emprendida a un nivel equivocado.*

Con arreglo a nuestra experiencia son tan fundamentalmente importantes estos tres modos de enfocar mal el cambio, que trataremos acerca de ellos por separado en los tres capítulos próximos.

IV. LAS TERRIBLES SIMPLIFICACIONES

Me propongo enseñaros a pasar de algo disimuladamente
absurdo a algo que lo es abiertamente.

WITTGENSTEIN,
Philosophical Investigations, § 464.

Parece bastante improbable que alguien intente solucionar situaciones difíciles negando que un problema lo sea en realidad. Sin embargo, incluso en el lenguaje corriente se expresa esto y se refleja en expresiones tales como «seguir la política del avestruz», «hacer la vista larga», etc. En términos más abstractos, la típica fórmula que ello implica es la siguiente: no existe problema alguno (a lo sumo una dificultad) y cualquiera que lo considere como tal está loco o actuando de mala fe y esto, de hecho, es el único origen de cualquier dificultad que se admita. Es decir: la negación de los problemas y los ataques a aquellos que los señalan o que intentan enfrentárseles van unidos. Ya que creemos que la interacción humana supone una causalidad circular y no lineal y unidireccional (en cualquiera de sus distintos niveles: familia, organización empresarial, sistema político, etc.) no tenemos necesidad de vernos envueltos en cuestiones relativas a aquello que fue antes, si el huevo o la gallina, en cualquiera de los ejemplos que seguirán.

La mencionada mezcla de negación y ataque depende de groseras simplificaciones de la complejidad de la interacción en los sistemas sociales y de modo más general, de nuestro mundo moderno, cambiante, interdependiente y altamente complejo. Tal actitud tan sólo puede mantenerse rehusando ver la complejidad de la situación y definiendo la propia y restringida visión como una actitud real, genuina y honesta frente a la vida o como un «atenerse a los hechos». El término francés de *terribles simplificateurs* utilizado tras los acontecimientos de mayo de 1968 parece especialmente adecuado para definir a los que mantienen tal actitud.

Nada de lo que llevamos dicho hasta ahora ha de interpretarse como afirmación de que las simplificaciones resultan siempre inadecuadas o que no dan lugar a cambios. De hecho, la historia de la ciencia demuestra claramente que en el curso del tiempo las teorías científicas tienden a hacerse cada vez más complejas al tiempo que los científicos intentan acomodar cada vez más excepciones e inconsistencias dentro de las premisas generales de una teoría. Quizá sea preciso un genio para suprimir tales superestructuras y encontrar nuevas y elegantes premisas aplicables a los fenómenos que se estudian[1]. Pero este modo de simplificación es precisamente un cambio ₂. Inútil es decir que hay genios y «genios». El ingenio de muchos de los llamados genios puede no consistir más que en una incapacidad para captar la complejidad de una situación o bien en un insensible menosprecio hacia los derechos de los demás. Desde esta última perspectiva, la violación de reglas que no convienen personalmente u otras modalidades del comportamiento propio de un gangster pueden aparecer como la impronta del genio.

La función de la negación como mecanismo de defensa desempeña un importante papel en la teoría psicoanalítica, pero en ella queda por lo general limitada a necesidades y pulsiones inconscientes a las que se impide surgir en la consciencia mediante la negación de su existencia. En cambio, nuestra labor nos ha mostrado que los efectos interpersonales de negar problemas innegables (y que en sí pueden ser por completo conscientes) son más serios y más llamativos que aquellos que desde un monádico punto de vista puedan ser atribuidos al mecanismo de negación como defensa intrapsíquica.

---

1. Afirma Kuhn: «... como acabamos de ver, la ciencia normal lleva en definitiva tan sólo al reconocimiento de anomalías y crisis. Y éstas son liquidadas, no mediante deliberación e interpretación, sino por un acontecimiento relativamente súbito e inestructurado, similar a una reorientación gestática. Los científicos hablan por tanto con frecuencia de «una venda que cae de los ojos», de «un relámpago de inspiración», que iluminando un rompecabezas previamente oscuro hace posible que sus componentes sean considerados de un nuevo modo, el cual permitirá por primera vez su solución (62).

No cabe duda de que gran parte del proceso de socialización consiste en enseñar al niño aquello que *no* debe ver, *no* debe oír, *no* debe pensar, sentir o decir. Sin reglas muy definidas acerca de aquello que debe permanecer como ignorado, una sociedad ordenada resultaría tan inimaginable como una sociedad que no lograra enseñar a sus miembros aquello que deben saber y comunicar[2]. Pero aquí, como siempre, existen límites y existe un extremo opuesto que es alcanzado cuando la distorsión de la realidad inherente a una negación comienza a exceder a las ventajas. El estudio de Lasègue y Falret sobre la «folie à deux» (70) escrito hace casi un siglo, la obra de Lidz sobre la *transmisión de la irracionalidad* (73), el concepto de *pseudo-mutualidad* de Wynne (110), los conceptos de *colusión* (64) y de *mistificación* (66) de Laing, el de *dualidad terrible* de Scheflen (83), el de los *mitos familiares* de Ferreira (33), todos estos estudios están basados sobre la observación de aspectos

2. El hecho de que gran parte de la comunicación humana se produce tácitamente a través de una ausencia de comunicación, es ignorado, en gran medida, por aquellos t*erribles simplificateurs* que alegremente y con total irresponsabilidad adoptan la teoría y práctica de la comunicación, y tratan de fundamentar la psicoterapia de grupo y de la familia, las reuniones y simposios, etc., en la premisa, generadora de problemas, de que la comunicación ha de ser clara, directa, abierta, franca, en una palabra: total. Pero en lugar de conseguir una comunicación total, sus esfuerzos resultan, a lo sumo, totalitarios. Por lo que se refiere a un estudio tan franco como profundo acerca de este tema, véase el trabajo de Kursh titulado *The benefits of poor communication* («Los beneficios de la mala comunicación») (63). La absurda simplificación inherente a este enfoque se hace más evidente si recordamos que una de las leyes básicas de la teoría de la información es la de que la aparición, por ejemplo, de la letra a no significa «a» sino «no *b* a *z*». Así, sobre todo a este nivel tan básico de intercambio de información, el significado se comunica a través de aquello que no es comunicado. Compárese esto con lo que dice Lao Tse acerca del valor del espacio vacío: «Treinta radios se encuentran en el cubo de rueda: en la nada que hay allí reside el que pueda utilizarse el carruaje. Se hace arcilla y con ella vasijas: en la nada que hay allí reside el que puedan utilizarse las vasijas. Se rasga una pared con puertas y ventanas para hacer habitaciones: en la nada que hay allí reside el que la habitación pueda utilizarse. Por eso, el ser es de utilidad, pero el no ser hace posible su uso» (69, cap. II).

particulares de negación de problemas en familias alteradas. La primera y principal razón para negar determinados problemas se debe probablemente a la necesidad de mantener una fachada social aceptable. Entre sus resultados inmediatos se cuentan los así llamados «secretos a voces» en estas familias, así llamados porque todo el mundo los conoce, y a pesar de ello se supone que nadie sabe que toda la familia lo sabe. Como ya hemos dicho, el elemento inconsciente está por tanto con frecuencia ausente y queda sustituido por un contrato interpersonal tácito o bien, como observa Ferreira: «El miembro individual de la familia puede saber, y con frecuencia sabe, que gran parte de la imagen familiar es falsa y no representa mucho más que una especie de "línea del partido"» (32). El término está sumamente bien escogido, ya que en realidad, las líneas de partido sirven precisamente al mismo propósito que los mitos familiares, si bien a una escala mucho mayor. Como se comprende, las situaciones de la índole que acabamos de describir pueden ser mucho más insidiosas y patógenas cuando no sólo es negada la existencia de un problema, sino incluso la negación misma[3].

Éstos son, por tanto, los casos más llamativos de patología sistémica, cuando incluso el intento de aludir a la negación (y más aún una mención del problema mismo) se califica al punto de maldad o de locura, las que en realidad resultan de ese tipo de terrible simplificación, a no ser que el sujeto haya aprendido la crucial habilidad de *ver;* pero, al mismo tiempo, de ser muy cauteloso en lo que *dice* de ver. Pues quien ve detrás de la fachada es condenado si ve y dice que ve, o loco si ve, pero no admite lo que ve ni tan sólo en su fuero interno. O bien, como lo ha expresado Laing:

> Están jugando a un juego. Están jugando a no jugar un juego. Si muestro que estoy viendo lo que hacen, rompería las reglas del juego y me castigarían. Debo jugar el juego. Debo jugar al juego de no ver que juego.

---

3. ESTERSON (30) ha publicado recientemente una detallada descripción de esta clase de interacción familiar.

Y:

Si no sé que no sé, pienso que sé;
Si no sé que sé, pienso que no sé (68).

Existen también simplificaciones en muchos contextos sociales más amplios. Ya hemos señalado la esencial similitud entre los mitos familiares y las «líneas de partido». Otra área es la representada por las promesas preelectorales de los políticos. Sus programas están con frecuencia repletos de simplificaciones y raramente fallan en cuanto a que estas últimas les suenen convincentemente a muchas gentes. Cuando son elegidos, dichos sujetos se dan cuenta de que resulta imposible cumplir lo que prometieron, ya que se ven enfrentados con dificultades inesperadas (si bien no inesperables) o bien se ven forzados al azar político. Sería ciertamente ideal que los problemas desapareciesen por el mero hecho de negarlos o mediante el uso de la fuerza. Así por ejemplo, es indudable que la revolución electrónica enfrente a la sociedad con problemas nuevos y hasta entonces desconocidos, deshumanizantes, pero lo cierto es que su solución no se llevará a cabo mediante alguna terrible simplificación tal como la siguiente: rompamos las computadoras y volvamos a una vida sencilla y honesta. Las conmociones causadas por la revolución industrial tampoco se resolvieron por la tentativa de destrozar las máquinas, por obvia que hubiese aparecido tal solución en su tiempo.

Resulta muy fácil separar las reglas de las necesidades concretas que condujeron a su formulación, y considerar luego como un acto heroico desafiar la regla, la norma o la ley interpretadas como una pura expresión de malevolencia o de prejuicio. Una persona de mediana edad que sentía gran simpatía por los problemas de los jóvenes nos refirió una típica desilusión experimentada al respecto. Había ofrecido a dos muchachos que se interesaban por coches un aprendizaje gratuito en su pequeño taller de reparaciones, oferta que ellos aceptaron muy contentos. Pero cuando les dijo que a fin de evitar serios accidentes en el trabajo tenían que recogerse sus largas melenas y llevar zapatos, ellos tan sólo vieron en esta recomendación un típico prejuicio de la vieja generación ante su peculiar modo de afirmarse como individuos libres.

Aun cuando este ejemplo parezca algo trivial, consideremos la misma actitud a una escala más amplia. En un estudio reciente, un equipo de psicólogos de la universidad del estado de Ohio entrevistaron a 102 pasajeros en el aeropuerto internacional de Columbus acerca de las medidas de seguridad en las líneas aéreas, correspondientes a los tres conceptos siguientes: conveniencia personal, eficacia y preferencia personal. Uno de los resultados fue que los pasajeros de edad inferior a 30 años

«son contrarios al registro de los pasajeros que tienen un aspecto sospechoso, al aumento de las tarifas aéreas, al encarcelamiento de por vida de los secuestradores y al entrenamiento para la lucha del personal de aviación. El hecho de que los pasajeros más jóvenes se manifiesten en contra de estas cuatro cosas quizás pueda ser interpretado como representativo de una actitud más general predominante entre la juventud contemporánea» (25).

Por desgracia, el proyecto para este estudio no incluía la cuestión referente a qué medidas alternativas recomendarían dichos pasajeros para combatir el problema mundial representado por la piratería aérea; aunque no se trate sino de una hipótesis, si bien muy plausible, cabe sostener que su «actitud más general» podría estar basada en la típica simplificación de que dicho problema no es un problema.

Ello nos conduce a otro ejemplo de simplificación, representada por el problema a escala mundial planteado en la mayoría de universidades norteamericanas y europeas en relación con la pertinencia de la moderna educación universitaria. Aquí hallamos también una amplia negación de los profundos problemas que han intentado resolver los más esclarecidos pensadores y maestros a través de los siglos. Eulau, en una disertación reciente, ha resumido tal estado de cosas. Para él, el debate en torno a la Pertinencia (con mayúscula) como exigencia manifiestamente legítima y panacea de las dificultades que obstaculizan la educación universitaria, incuba su propia destrucción. Desde este punto de vista, señala, la pertinencia implicaría en primer término:

...una explicación sencilla e inmediatamente comprensible de lo que en realidad son cuestiones complicadas. Frecuentemente se trata de explicaciones basadas en la consideración de un solo factor: los problemas del medio ambiente son debidos a la avidez de ganancias, los problemas penitenciarios son imputables a la brutalidad de los guardianes, la guerra es provocada por el imperialismo económico, etc. Por tratarse de cuestiones urgentes, se requieren soluciones inmediatas, pero éstas no permiten análisis complicados; los análisis complicados son tan sólo una excusa para no hacer nada.

En segundo término, hablar de pertinencia supone que el contenido de la enseñanza y la investigación debe ser tan fresco y reciente como el noticiario matutino de la radio. Tratar los acontecimientos desde un punto de vista histórico o filosófico es una mera pérdida de tiempo. Sin embargo, vivir en la confusión producida por los acontecimientos recientes resulta intolerable...

Pertinencia significa comprometerse a sí mismo y a los demás, les guste o no, en acción social y política. Pertinencia significa, en último término, que tan sólo hay que escuchar a aquellos que están de acuerdo con uno y que están comprometidos con la propia causa de uno... (31).

Por otra parte, las terribles simplificaciones se producen con frecuencia por parejas; es decir: pueden complicarse e intensificarse mutuamente. Así por ejemplo, los problemas suscitados por la pertinencia de la enseñanza universitaria no solamente no se resuelven, sino que se complican a causa de las tentativas de las autoridades académicas para mantener la « tradición» docente aun cuando se haya vuelto anacrónica. La actitud aquí adoptada se basa frecuentemente en la simplificación de que, ya que las normas tradicionales de vida universitaria se han demostrado válidas en el pasado, no hay razón alguna por la que no deban ser mantenidas en el presente e incluso en el futuro. Desde este punto de vista, lo que los estudiantes estiman pertinente resulta muy justificado, sobre todo sus quejas acerca de que el *establishment* académico no puede investigar este problema, ya que la investigación revelaría que la situación no es tan sencilla, lo que llevaría al *establishment* a dudar de sí mismo.

La terca tentativa de aferrarse a una solución simple que se demostró válida en su tiempo, pero que ya no lo es, no está en modo alguno limitada a la universidad. Invade múltiples áreas sociales y puede ser observada también con frecuencia en los modos como los individuos intentan solventar sus problemas personales. De hecho, muchas actitudes calificadas como neuróticas o infantiles pueden ser consideradas como un resultado de la aplicación constante de una misma solución frente a circunstancias drásticamente alteradas. Esta tendencia no es tan sólo típica de los seres humanos, sino que se prolonga muy lejos en la jerarquía evolutiva y ha sido la causa principal de la extinción de numerosas especies. El recurrir una y otra vez a la misma forma de resolver problemas no es, en sí, malo; de hecho posee grandes ventajas de economía y simplificación, y la vida se complicaría inmensamente si las soluciones o las adaptaciones, una vez logradas, no pudiesen almacenarse y reservarse para nuevas aplicaciones en el futuro. Pero estas soluciones se convierten en terribles simplificaciones si, como hemos dicho, no se acepta que las circunstancias cambian constantemente y que las soluciones han de cambiar con ellas. Los padres que no alcanzan a comprender que los sencillos modos que tenían de manejar a su hijo cuando éste tenía ocho años, no resultan ya adecuados cuando el hijo tiene dieciocho, crearán enormes problemas con esta «solución».

En el campo de la medicina se pueden encontrar multitud de ejemplos análogos de simplificaciones engendradoras de problemas, debido especialmente a que aquí desempeñan un papel particularmente poderoso los factores emocionales. La complejidad de un grupo de enfermedades como las que se agrupan bajo la denominación global de cáncer es tal que incluso un consumado experto tan sólo puede abarcar una subárea de la totalidad del campo. Sin embargo, y como han mostrado las controversias acerca de medicamentos tales como el Krebiozin o el Laetrile, puede suceder de la noche a la mañana que un compuesto sin valor científico alguno llegue a alcanzar la reputación de ser una panacea sencilla y perfecta. Cuando los expertos lo niegan, más tarde o más temprano se llega a sospechar de su buena fe y se supone que desean suprimir el fármaco por siniestros motivos personales.

Resumiendo el contenido de este capítulo: un modo de abordar erróneamente un problema reside en comportarse como si tal problema no existiese. Hemos calificado como *terrible simplificación* a esta forma de negar su existencia. De ello se derivan dos consecuencias: *a)* el reconocimiento, aparte de cualquier tentativa de solución, del problema es considerado como una manifestación de locura o de maldad, y *b)* el problema que exige un cambio se complica crecientemente por los problemas creados por el erróneo modo de abordarlo.

Considerando esta situación sin salida aparente desde el punto de vista de la teoría de grupos, se puede afirmar que una simplificación satisface el concepto de miembro de identidad (la tercera propiedad del grupo), en la medida en que su introducción en un problema existente (concebido él mismo como miembro de un grupo) mantiene la identidad de este último, es decir: deja el problema sin modificar. Pero ya que nuestros miembros de grupo son problemas humanos que —al contrario que los miembros de grupo abstractos y estables en matemáticas, lógica, física teórica, etc.— tienen una tendencia a intensificarse cuanto más tiempo permanecen sin resolver (mientras continúan manteniendo la estructura de grupo) una simplificación puede tornarse auténticamente terrible al complicarse el problema original.

V. EL SÍNDROME DE UTOPÍA

He comprobado mediante una investigación a fondo que Utopía está más allá de los límites del mundo conocido.

GUILLAUME BUDÉ

Mientras perseguimos lo inalcanzable hacemos imposible lo realizable.

ROBERT ARDREY

Si un *terrible simplificateur* es alguien que no ve problema alguno donde existe en realidad un problema, su antípoda filosófica es el utópico que ve una solución donde no hay ninguna[1].

La nuestra es una edad de utopías. Ciertos esfuerzos grandiosos y esotéricos no constituyen precisamente una moda transitoria sino que son un signo de nuestros tiempos. Toda clase de *gurus* ofrecen conducir por sendas que los mismos ángeles temerían hollar: «El estado natural del hombre es el milagro del éxtasis; no deberíamos aspirar a menos», afirma el preámbulo de la constitución de una universidad «libre». Un programa ofrece «un sistema de desarrollo humano cuidadosamente estructurado para producir pensamientos lúcidos, equilibrio emocional y alegría y serenidad físicas. El resultado es la integración total de mente, emoción y cuerpo, que es la auténtica condición natural del hom-

---

1. Desde luego, los contrarios son más similares que la posición media a la cual excluyen. De hecho, los simplificadores proclaman que ciertas utopías existen ya. Podemos incluso afirmar que tanto el simplificador como el utópico se esfuerzan por lograr un mundo sin problemas; el uno negando que existan en absoluto ciertas dificultades, el otro, reconociendo su existencia, pero definiéndolas como fundamentalmente anormales y por lo tanto susceptibles de solución. Así, si intentamos separar estrictamente simplificaciones y utopías, es por motivos de sistematización y no debido a que no nos damos cuenta de la afinidad existente en la práctica entre las mismas.

bre.» Otro prospecto hace una introducción a un curso para matrimonios con las siguientes palabras: «El matrimonio que supone el compromiso del amor no vale la pena.» Y la descripción de un curso ofrecido por una institución altamente respetable de enseñanza superior promete confiadamente: «Si su percepción de sí mismo es vaga y efímera, si siente usted que sus relaciones con los demás son difíciles, esta serie de seminarios, conferencias y labor práctica le devolverá la profunda riqueza y el profundo sentido de la vida.» Mas ¿y si alguien no logra alcanzar dicho estado natural de milagro extático y si la vida no le despliega sus profundas riquezas?

A partir de 1516, cuando Tomás Moro describió aquella distante isla a la que bautizó con el nombre de Utopía (que significa: «en ninguna parte») se han escrito volúmenes enteros sobre el tema de la vida ideal. Sin embargo, mucho menos se ha dicho acerca de los resultados concretos, individuales y sociales de las expectativas utópicas. En nuestra propia época, tales resultados, así como sus peculiares derivaciones patológicas, están comenzando a ponerse de manifiesto. Virulentos y no limitados ya a sistemas sociales o políticos particulares, demuestran que las tentativas utópicas de cambio conducen a consecuencias muy específicas y que estas consecuencias tienden a perpetuar o incluso a empeorar aquello que se tendría que cambiar.

El extremismo en la solución de problemas humanos parece darse con mayor frecuencia como resultado de la creencia que uno ha encontrado (o incluso que *puede* encontrar) la solución última y absoluta. Una vez que alguien abriga esta creencia, resulta lógico para él actualizar esta solución y de hecho no sería fiel a sí mismo si no lo hiciese. El comportamiento resultante, al cual podemos designar como el *síndrome de utopía,* puede adoptar una de tres posibles formas.

La *primera* puede designarse como «introyectiva». Sus consecuencias son definibles más directamente como psiquiátricas, que como sociales, ya que son el resultado de un profundo y doloroso sentimiento de ineptitud personal para alcanzar el propio objetivo. Si este último es utópico, el mero hecho de plantearlo crea una situación en la que la inasequibilidad del objetivo no es atribuida a su índole utópica, sino que más bien se echa la culpa a la propia ineptitud: mi vida debería ser rica y grata, pero estoy viviendo en la banalidad y el aburrimiento; debo tener sentimientos profundos e intensos, pero soy incapaz de despertarlos en mí mismo. Huida, retraimiento, depresión, quizás suicidio[2] son consecuencias de tal estado de ánimo. La descripción del programa de un panel de discusión acerca de «Centros RAP»[3], en la reunión celebrada en 1971 por la Asociación Americana de Ortopsiquiatría resume muy bien este problema:

...El público que asiste a estos centros difiere en ciertos aspectos del público de las clínicas clásicas, así por ejemplo, la «soledad» se experimenta como «insoportable» y es crónica; el miedo a las instituciones del *establishment* o a ser considerado como un «paciente» impide el tratamiento en otro lugar; no encontrando la felicidad instantánea y constante, tal vacío es considerado por los clientes de los centros RAP como «enfermedad»; es endémica en ellos una preocupación, muy arraigada, acerca de la policía (aun cuando no está justificada); todo entrenamiento profesional con fines de «ayuda» es considerado innecesario e incluso perjudicial. Y sin embargo, acude más público a los centros RAP que a las Clínicas de Salud Mental Comunitarias (54).

2. Véase el trabajo de Yalom y Yalom sobre Hemingway: «Cuando la imagen idealizada es severa e inalcanzable, como lo era para Hemingway, las consecuencias pueden ser trágicas: el individuo no puede aproximarse en la vida real al plano sobrehumano de la imagen idealizada. Eventualmente interviene el sentido de realidad y se advierte la discrepancia entre lo que uno mismo desea y lo que es en la actualidad. En este momento, el sujeto se ve inundado por el odio hacia sí mismo, expresado a través de una miríada de mecanismos autodestructores, que van desde sutiles modalidades de autotortura (la vocecilla interior que susurra: "¡Dios mío, qué feo eres!", cuando se contempla uno al espejo) hasta la aniquilación total de sí mismo» (111).

3. El acrónimo corresponde a los «Real Alternative Programa» existentes en EE.UU., pero, además, to rap es una forma de slang que significa «discutir, charlar». Los centros en cuestión acogen a los jóvenes deseosos de «charlar», con el propósito de hallar soluciones prácticas (practical alternatives) a sus problemas. — Nota del traductor.

Otras posibles consecuencias de esta forma del síndrome de utopía son alienación, divorcios y concepciones nihilistas del mundo; con frecuencia hay abuso de alcohol o de drogas y las breves euforias que producen van inevitablemente seguidas por el retorno a una realidad aún más fría y más gris, retorno que hace más atractiva aún la «huida» existencial.

La segunda variante del síndrome de utopía es mucho menos dramática e incluso puede tener cierto encanto. Su lema puede estar representado por el conocido aforismo de Roberto Luis Stevenson: «Es mejor viajar colmado de esperanzas que llegar a puerto», aforismo que probablemente tomó de un proverbio japonés. En lugar de autoacusarse por ser incapaz de llevar a cabo un cambio utópico, el método elegido es relativamente inofensivo y está representado por una forma de dilación o demora más bien agradable. Ya que el objetivo está distante el viaje será largo, y un viaje prolongado requiere una dilatada preparación. De momento no es necesario plantear la incómoda cuestión relativa a si, en último término, podrá alcanzarse el objetivo o bien si para alcanzarlo vale la pena tan largo viaje. En su poema *Itaca,* el poeta griego Constantino Kavafis describe esta actitud. Ruega que el camino sea largo, aconseja al navegante, que tu viaje esté lleno de aventuras y experiencias. Deberás tener siempre presente a Itaca, estás predestinado a llegar allí; pero no apresures tu viaje, es preferible que dure muchos años. Sé bastante viejo cuando eches el ancla en la isla. Y Kavafis conoce una solución no utópica: Entrarás en puertos que jamás has visto y rico con cuanto hayas ganado por el camino, no esperes que Itaca te dé riquezas. Itaca te ha dado tu agradable viaje, sin Itaca no habrías partido. Pero la sabia y conciliadora solución de Kavafis tan sólo está abierta a unos pocos, ya que el sueño de llegar a Utopía puede ser alarmante: ya como miedo, ya como desencanto, o bien, en el sentido de Hamlet de que es «preferible soportar aquellos males que nos agobian, que huir hacia otros que no conocemos». En cualquier caso, lo que importa es el viaje, no la llegada; el eterno estudiante, el perfeccionista, la persona que reiteradamente se las arregla para fracasar al borde mismo del éxito son ejemplos de viajeros que peregrinan eternamente y no llegan nunca al término de su viaje. La psicología de lo inalcanzable precisa de que cada cumplimiento actual sea experimentado como una pérdida o una profanación: para el judío devoto, la realidad política representada por el estado de Israel no supone sino la banal parodia de un viejo anhelo mesiánico. Para el amante romántico que finalmente logra conquistar a la mujer hermosa, la realidad de su victoria es un pálido reflejo de lo que eran sus sueños. George Bernard Shaw ha expresado el mismo pensamiento en términos más sarcásticos: «Existen dos tragedias en la vida. Una de ellas consiste en no lograr lo que vuestro corazón desea. La otra consiste en lograrlo».

Esta forma de utopismo se vuelve problemática en la vida cotidiana cuando una persona espera que «llegar» —como contrapuesto a una visión de la vida como un proceso constante— suponga la desaparición completa de los problemas. Desde nuestro punto de vista resulta interesante que, por ejemplo, muchas de las mayores transiciones que suceden en la vida (transiciones que normalmente implican ciertas inquietudes o dificultades personales) son descritas en la mitología popular como experiencias deliciosas y totalmente libres de perturbación: los recién casados felicitados por amigos y parientes (y desde luego, por los grandes almacenes) con frases como «estamos seguros de que seréis muy felices»; el «encanto» de la luna de miel; la joven pareja, que va a tener su primer hijo y a la que todos aseguran las alegrías de la paternidad y cómo se sentirán mucho más unidos; la jubilación como un estado de sereno sentimiento de haber cumplido con la misión encomendada y de apertura hacia nuevas posibilidades; el encanto de llegar a una ciudad distante y exótica, etc., etc.

La *tercera* variante del síndrome de utopía es esencialmente proyectiva y su ingrediente básico es una actitud moralista rígida por parte del sujeto, que está convencido de haber encontrado la verdad y con tal convicción asume la responsabilidad misionera de cambiar el mundo. Esto lo intenta primeramente mediante diversas formas de persuasión y con la esperanza de que bastará que la verdad sea lo bastante evidente, para que forzosamente la vean los hombres de buena voluntad. En consecuencia aquellos que no quieran aceptarla o ni siquiera quieran escucharla actúan de mala fe y su destrucción en beneficio de la humanidad puede aparecer como justificada[4]. Así pues, si mi vida no supone un estado permanente de arrobo extático, si no se ha cumplido aún el amor universal de todos por todos, si a pesar de mis ejercicios zen no he alcanzado aún el *sátori,* si continúo siendo incapaz de comunicar de un modo profundo y expresivo con mi pareja, si el sexo es para mí una desilusionante y mediocre experiencia, un pálido reflejo de lo que describen los numerosos manuales acerca de la vida sexual, ello es culpa de mis padres, de la sociedad en último término, ya que sus leyes y limitaciones me han incapacitado y no aceptan concederme ni la simple libertad de realizarme. *Wir vom System krankgemachte Typen* (nosotros, a quienes el sistema ha convertido en enfermos): así es como algunos extremistas alemanes se ven a sí mismos en relación con la sociedad. Pero con eso volvemos a Rousseau: *que la nature a fait l'homme heureux et bon, mais que la société le déprave et le rend misérable.* Robert Ardrey, comentando esta frase inicial del *Émile,* opina que a partir de ella comenzó lo que él designa justamente como la era de la coartada: la naturaleza me hizo feliz y bueno, y si no lo soy, la culpa es de la sociedad. La edad de la coartada, escribe en *El Contrato Social,*

«mostrando mayor simpatía para el que practica la violencia que para el que la sufre, nos ha preparado con elegancia para el máximo daño, al enfrentarnos con un futuro de máximo desorden civil. Una filosofía que durante décadas nos ha inducido a creer que las faltas humanas han de echarse siempre sobre espaldas ajenas; que la responsabilidad de un comportamiento perjudicial para la sociedad debe ser invariablemente atribuida a la sociedad misma; que los seres humanos hacen, no sólo perfectibles, sino idénticos, de tal modo que cualquiera divergencia desagradable ha de ser producto de un medio ambien-

4. Cierto es que estas premisas son tremendamente simplistas, pero la diferencia esencial entre una simplificación y una utopía consiste que, en la primera, es negado el problema, mientras que en una utopía no sólo se advierte la dificultad, sino que se la aborda con todo fervor, aunque totalmente contraproducente.

te nocivo... tal filosofía ha preparado de modo brillante la autojustificación de las minorías «"justicieras"» que practican la violencia y ha preparado igualmente con delicadas manos las culpas y las perplejidades de sus víctimas» (8).

En su propia teoría, Alfred Adler conocía ya también la existencia de mecanismos proyectivos similares, así por ejemplo cuando define su concepto de proyecto vital individual. «El proyecto vital del neurótico exige categóricamente que si fracasa ha de ser por culpa de otro, quedando él libre de responsabilidad personal» (1). Y por lo que se refiere a la paranoia, Adler escribe lo siguiente: «La actividad (del paranoico) es por lo general de una índole sumamente beligerante. El paciente reprocha a otros la falta de éxito de sus desmesurados planes y su activo afán de superioridad completa le conduce a una actitud de hostilidad hacia otros... Sus alucinaciones... surgen siempre cuando el paciente desea algo de un modo incondicional, pero al mismo tiempo desea ser considerado libre de responsabilidad» (2).

Ya que a pesar de su índole utópica, o quizá precisamente por ella, las soluciones propuestas son asombrosamente pedestres e inadecuadas o bien, para emplear las palabras de Ardrey, constituyen clichés de una centuria, todos ellos ensayados y encontrados defectuosos (6), la creencia en su naturaleza única y en su prístina originalidad puede ser tan sólo mantenida mediante un estudiado desprecio por las pruebas que suministre el pasado. Un deliberado desdén, no sólo por las lecciones de la historia, sino por la idea fundamental de que la historia tenga algo que ofrecer, constituye otro ingrediente esencial del síndrome de utopía. Ello posee la ventaja adicional de permitirle a uno considerar el propio sufrimiento y el lamentable estado del mundo como una plaga única e inaudita, a cuyo respecto no existen comparaciones válidas. Aquellos que ignoran la historia, advierte Santayana, están condenados a repetirla.

Hasta ahora hemos considerado casos de deseo de mejoramiento de sí mismo o del mundo puesto al servicio de un ideal fuera de la realidad en el que el cambio intentado convierte alguna dificultad inmodificable en un problema. Pero también puede suceder que haya sujetos que consideren la *ausencia* de una dificultad como un problema que requiere acción correctora, actuando entonces hasta que se encuentran entre las manos con un pseudoproblema. Una fecunda matriz de «problemas» de este tipo es, por ejemplo, el puritanismo (cuya regla fundamental ha sido humorísticamente descrita así: puedes hacer cualquier cosa, siempre que no te produzca placer). Aquí la premisa consiste en afirmar que la vida es dura, que exige constante sacrificio y que todos los éxitos hay que pagarlos caros. Sobre la base de esta premisa, el surgir de un comportamiento desenvuelto y natural, de espontaneidad y de placer «inmerecido», traído por una especie de suerte insospechada, es considerado como significado la existencia de algo malo o como presagio que señala la inminente venganza de los dioses[5]. La mujer que soporta la maternidad como un glorioso sacrificio afirmando: «Oh, sí, me encuentro mal por la mañana, pero disfruto de cada momento de ese malestar» (91), o el marido compulsivo que vive exclusivamente para su trabajo, han de ser recordados a este respecto, aunque desde su punto de vista, el único problema resida probablemente en el comportamiento «irresponsable» de un hijo o del cónyuge. Otro ejemplo estaría representado por el estudiante inteligente que toma con tranquilidad todo su trabajo en la universidad, pero cuya preocupación va en aumento cuando se acerca la hora de los exámenes, el desenlace final, en el que quedará patente que no ha estudiado nada en realidad y que hasta la fecha tan sólo ha tenido buena suerte. También hay que incluir los especialistas del «día D», sujetos que se entrenan constantemente para hallarse preparados en caso de una extraña emergencia, cuya aparición es tan sólo cuestión de tiempo y exigirá todo su valor físico y todos sus conocimientos sobre supervivencia. En todos estos casos, la premisa implica una utopía nega-

5. Recordamos a este respecto la historia de Till Eulenspiegel, que caminando por la ondulada comarca de las Ardenas, llora mientras desciende la falda de las colinas, mientras que ríe cuando trepa por las empinadas crestas. Cuando le preguntan por el motivo de su extraño comportamiento, contesta diciendo que al bajar las cuestas piensa en la subida que le espera al otro lado del valle, mientras que en las subidas anticipa ya el placer del fácil descenso.

tiva: cuanto mejor marchan las cosas, tanto peor es en realidad la situación y por ende hay que dificultarla. Las utopías positivas implican «no hay problema», las utopías negativas implican «no hay soluciones»; es común a ambas clases el definir las dificultades normales y los placeres normales como anormalidades.

Es característico del síndrome de utopía el que las premisas sobre las que se basa sean consideradas como más reales que la realidad. Lo que queremos significar con esto es que el individuo (o bien en este caso un grupo o una sociedad entera), cuando intenta ordenar su mundo de acuerdo con tales premisas y ve fracasar su intento, no examinará, de modo típico, si la premisa contiene eventuales elementos absurdos o irreales, sino que, como hemos visto, le echa a factores exteriores (por ejemplo, a la sociedad) o a su propia ineptitud. La idea de que la equivocación puede residir en las premisas mismas es intolerable e inadmisible, ya que las premisas son la verdad, son la realidad. Así, por ejemplo, los maoístas argumentan que si en más de medio siglo los marxistas soviéticos no han conseguido realizar el ideal de una sociedad sin clases ello es debido a que la doctrina pura ha caído en manos impuras y no a que exista tal vez algo inherentemente equivocado en el marxismo. Lo mismo ocurre corrientemente con los proyectos de investigación improductivos, cuando la solución se considera que reside en *más* dinero, un proyecto *más* amplio, es decir: en «más de lo mismo».

Esta distinción entre hechos y premisas de los hechos es crucial para la comprensión de las vicisitudes del cambio. Ya nos hemos referido a dicha distinción cuando presentamos el problema de los nueve puntos, en el que, como se recordará, es un equívoco supuesto acerca del problema lo que excluye su solución, y no el hecho de no haberse descubierto aún el modo «correcto» de conectar los puntos entre sí dentro de la condición impuesta por dicha premisa. Lo poco trivial de esta equivocación se pone de manifiesto si la examinamos en el contexto potencialmente fatal de la desesperación existencial. Muchos individuos se ven impulsados a pensar, o incluso a cometer, un suicidio debido a que, como Hemingway, son incapaces de vivir de acuerdo con ciertas expectativas. Ello es debido a que comienzan a experimentar sus vidas como desprovistas de sentido y los escritores existencialistas, desde Kierkegaard y Dostoyevski hasta Camus, se han enfrentado con las letales consecuencias de la ausencia de sentido. En esta forma de desesperación existencial, la busca de un sentido de la vida ocupa un punto central y se difunde a todo lo demás y tanto es así que el pensador pone en tela de juicio cuanto existe bajo el sol, *con excepción* de la premisa misma, es decir, la firme convicción de que *existe* un sentido y hay que descubrirlo para sobrevivir[6]. Por frívolo que parezca, ésta es la diferencia entre gran parte de la tragedia humana y la actitud del rey en *Alicia en el País de las Maravillas,* el cual, tras leer el absurdo poema del conejo blanco, comenta alegremente: «Si no tiene ningún sentido, nos evita un montón de preocupaciones, ya que no necesitamos encontrarle ninguno.» Pero estamos de nuevo anticipando al mencionar soluciones mientras estamos todavía examinando la formación de problemas. Esto resulta casi inevitable, ya que, como hemos visto, una solución puede constituir, en sí misma, el problema. Y así sucede sobre todo en aquellas áreas que están específicamente relacionadas con cambios, por ejemplo en psicoterapia y en el amplio campo de los cambios sociales, económicos y políticos.

Por lo que se refiere a la psicoterapia en su relación con el utopismo, se plantea la cuestión acerca de si el tratamiento mismo puede padecer de la afección que se supone ha de curar, y de en qué grado la padece. Con la posible excepción de los escritos de Alfred Adler, Harry Stack Sullivan y Karen Horney, la mayoría de las escuelas psicoterápicas (si bien no forzosamente sus partidarios individuales) se han planteado objetivos utópicos, por ejemplo organización genital, individuación, autorrealización, por no hablar de las escuelas más modernas y más extremistas mencionadas al comienzo de este capítulo. Con objetivos tales como éstos, la psicoterapia se convierte en un proceso sin fin, quizás humanista, pero con mayor facilidad inhumano por cuanto se refiere al

---

6. Confróntese con lo que afirma Laing: «La ilusión o la desilusión pueden basarse en la misma fantasía. Existe una respuesta en alguna parte; o no existe respuesta alguna en ninguna parte. La conclusión viene a ser la misma en ambos casos» (65).

sufrimiento concreto del paciente. En vista de la sublime magnitud de tal empeño, sería poco razonable esperar un cambio concreto y rápido; y con un fascinante despliegue, casi orwelliano, de acrobacia lógica, lo concreto es etiquetado así de utópico y la utopía es definida como una posibilidad práctica.

Suponer que un cambio concreto de un problema concreto dependa del logro de un objetivo que se halla tan distante que bordea al infinito, hace que la situación resultante sea «autoprecintada» *(self-sealing)*, para emplear el adecuado término de Lipson (74). Así, por ejemplo, si una apendicitis no se cura con el poder de la oración del paciente, ello demuestra tan sólo que su fe no era lo suficientemente firme y el fallecimiento del enfermo confirma por tanto, más bien que invalida, la doctrina de la curación por el espíritu. O bien, para apelar a un ejemplo menos llamativo, si a un síntoma «neurótico» se considera meramente como la cúspide del iceberg y no mejora a pesar de muchos meses de psicoterapia, ello «demuestra» lo correcto de la creencia según la cual los problemas emocionales pueden tener sus raíces en los niveles más profundos del inconsciente, lo cual justifica a su vez que el paciente precise un psicoanálisis aún mucho más profundo. Las doctrinas sin fin, «autoprecintadas» siempre encuentran salida, y aquí recordamos el amargo chiste acerca del paciente que tras años de psicoanálisis continúa orinándose en la cama, «pero ahora comprendo por qué lo hago».

Las tentativas utópicas de cambio crean callejones sin salida en los que con frecuencia resulta imposible distinguir claramente entre problemas y «problemas», y entre «problemas» y «soluciones». La índole inalcanzable de una utopía constituye un pseudoproblema, pero el sufrimiento a que da lugar es muy real. Cuando los hombres definen situaciones como reales, son reales en cuanto a sus consecuencias, afirma Thomas (90). Si, con un salto mortal de tipo lógico, estas consecuencias son consideradas como las causas del problema, es natural que se intente cambiarlas. Si tales tentativas no tienen éxito (como es lógico que suceda), es natural que se ensaye «más de lo mismo». «Realizamos inmediatamente lo posible, lo imposible nos lleva algo más de tiempo», un aforismo bonito, pero una cruel trampa para cualquiera que llegue a creer en él. Podemos andar tras lo imposible hasta el fin de los tiempos, pero, para citar una vez más a Ardrey «mientras perseguimos lo inalcanzable, hacemos imposible lo realizable» (5). Nos sonreímos con el chiste del borracho que está buscando sus llaves, no en el sitio donde en realidad las ha perdido, sino bajo la luz del farol de la calle, ya que es aquí donde se ve más claro. Suena divertido, pero tan sólo a causa de que se expone el hecho de intentar una solución, no sólo al margen del problema (estando por tanto condenada al fracaso), sino también debido a que la infructuosa búsqueda puede prolongarse indefinidamente. Aquí, nuevamente, la solución intentada es aquello que constituye en realidad el problema. En las situaciones de la vida cotidiana, es de esto último de lo que no nos damos cuenta; el remedio no sólo es peor que la enfermedad, sino que *es* él mismo la enfermedad. Por ejemplo: es bastante obvio que pocos matrimonios —si es que hay alguno— viven de acuerdo con los ideales expuestos en cualquiera de los clásicos manuales de vida conyugal o de la mitología popular. Aquellos que aceptan tales ideales como aquello que una relación conyugal debe «realmente» ser, tenderán a considerar su propio matrimonio como problemático y comenzarán a buscar una solución, hasta que el divorcio se la proporcione. Su problema no es concretamente su matrimonio, sino sus tentativas para hallar solución a un problema que, en primer término, no es un problema, y que incluso aunque lo fuese, no podría ser resuelto al nivel en el que se intenta.

De cuanto llevamos dicho se desprende la inquietante posibilidad de que los límites de una psicoterapia responsable y humana sean mucho más reducidos de lo que generalmente se piensa. Para evitar que la psicoterapia se convierta en su propia patología hay que limitarla al alivio del sufrimiento; no puede constituir misión suya la búsqueda de la felicidad. Esperamos de la aspirina que alivie nuestro dolor de cabeza, pero no que además nos produzca pensamientos ingeniosos, ni que nos evite futuros dolores de cabeza. Esto vale también para la psicoterapia. Cuando un discípulo entusiasta, en su frenética búsqueda del *sátori* preguntó al maestro de zen a que se asemejaba la iluminación, el maestro contestó: «Llegar a casa y descansar confortablemente.»

En los niveles socioeconómicos y políticos, la situación puede ser considerada como similar, con la excepción de que aquí las sobrias conclusiones a deducir pueden parecer aún más chocantes y retrógradas. Un artículo recientemente publicado en un importante diario suizo resume la situación monetaria en términos que nos suenan sorprendentemente familiares: «Ahora reconocemos que durante años hemos estado confundiendo causa y efecto en cuestiones monetarias... Si no imponemos una limitación a nuestras expectativas futuristas y a sus implicaciones míticas, todas las tentativas para combatir la inflación están condenadas al fracaso. Puede hasta afirmarse que las modernas políticas expansionistas crean indirectamente los males que se supone han de combatir» (24). De modo muy similar, en países con programas de seguridad social muy perfeccionados y altamente desarrollados, tales como Suecia, Dinamarca, Gran Bretaña, Austria y otros, la situación ha alcanzado un punto tal que tales programas están *creando* nuevas necesidades, yendo así en contra de sus propios fines. En Estados Unidos, la situación no es muy diferente. En una conferencia acerca de lo que adecuadamente califica como «las funciones de la incompetencia», Thayer señalaba recientemente el asombroso hecho de que entre 1968 y 1970, es decir, en tan sólo dos años, los gastos de seguridad social aumentaron aproximadamente en un 34%, desde 11.000 millones hasta 14.000 millones de dólares. Esto no solamente demuestra la necesidad de estas medidas de seguridad social, sino también algo distinto: que para el cumplimiento de tales programas se precisan adicionalmente millares de puestos de trabajo especializados «y que el constante crecimiento de esta parte de nuestra economía total dependerá del aumento —y no de la disminución— de la incompetencia de los ciudadanos en todas aquellas dimensiones para las cuales existe un programa de bienestar social, o para las cuales se tiene que inventar y fundar un programa de dicho tipo» (89).

Pero el aumento de la incompetencia no es el único problema con que nos enfrentamos. Ya en 1947, en su ensayo *Utopía y violencia,* el filósofo Karl Popper advirtió que los esquemas utópicos debían conducir forzosamente a nuevas crisis. Desgraciadamente es mucho más fácil, señala, proponer objetivos ideales y abstractos y encontrar entusiastas seguidores, que resolver problemas *concretos*. Pero advierte Popper: «Nuestros prójimos tienen el derecho de reclamar ayuda. Ninguna generación debe ser sacrificada en favor de generaciones futuras, en favor de un ideal de felicidad que jamás podrá realizarse. En resumen, mi tesis es que la miseria humana es el problema más urgente en una política pública racional y que la felicidad no constituye tal problema. La obtención de la felicidad debe ser cuestión de nuestros esfuerzos privados» (78). Y mucho antes que Popper, el poeta Hölderlin afirmaba: «Aquello que ha convertido al Estado en un infierno es que el hombre ha deseado hacer de él su cielo.»

Sería difícil definir más sucintamente el síndrome de utopía. Pero avancemos un paso más y consideremos lo que sucedería si se lograse alguna vez el cambio utópico, por ejemplo al nivel sociopolítico. En primer término ello supondría ¿fue la sociedad ideal estaría compuesta por individuos que en cuanto a su grado ideal e idéntico de maduración pensarían, sentirían y actuarían todos igual, falacia que evoca la imagen de pesadilla de masas estancadas, totalmente estériles o de robots, privados de aquella tensión vital que procede tan sólo de la diversidad natural que existe entre los hombres. Y el aspecto aún más terrible de la cuestión es el siguiente: que el cambio, y con él toda manifestación de individualidad y creatividad, deberían de ser colocados fuera de la ley, ya que tan sólo representarían un retorno de la perfección a la imperfección. Se trataría por tanto de una sociedad orwelliana en la que aquellos que en nuestros días claman más intensamente por un cambio utópico serían los primeros en desaparecer tras unas alambradas o tras los muros de un manicomio. El círculo vicioso se cerraría definitivamente y la solución ideal se habría convertido en la «solución final».

El síndrome de utopía es una patología que va más allá de lo que nos han enseñado las más ortodoxas teorías de la formación de síntomas. Si no vemos en sus manifestaciones más que los resultados de un conflicto intrapsíquico, debido a las presiones de un superego excesivamente rígido (como afirmaría la teoría psicodinámica) o de un proyecto vital neuróticamente ambicioso (como interpretaría un adleriano la mayoría de los ejemplos citados), perderemos de vista aquello que es crucial: que un determinado modo de realizar erróneamente un cambio, intentado por *cualquier* género de razones internas o externas, «conscientes» o «inconscientes», tiene consecuencias propias que no pueden reducirse al estatuto de meros epifenómenos, sin que tal reducción no forme también parte de la patología. El síndrome de utopía es un ejemplo de lo que el biólogo designaría como una *cualidad emergente* es decir, algo más y algo diferente de la suma de los ingredientes que intervienen en su formación. Se trata de una *Gestalt* en el sentido clásico de la psicología de la *Gestalt* o de la configuración (Wertheimer, Koffka, Bühler, etc.), una *estructura* en el sentido del estructuralismo moderno.

Como bien sabe cualquier estudiante de la escuela superior, la introducción de cero o de infinito en una ecuación da lugar a resultados paradójicos. En el precedente capítulo hemos examinado las consecuencias de la introducción del cero. En el presente capítulo hemos examinado un modo de intentar el cambio $_2$, que podemos designar como la introducción del infinito. Que nosotros sepamos, esta posibilidad no está considerada por la teoría de grupos, si bien puede argumentarse que si la regla de combinación de un determinado grupo es la división por infinito, el resultado es el miembro de identidad. En este sentido, la introducción del infinito sería un caso especial de la propiedad *d* de grupo. No nos consideramos competentes para discutir este punto, ante todo porque nuestras referencias a la teoría de grupos han de entenderse, patentemente, como un modelo de pensamiento y no como una prueba matemática. Mas lo que creemos asentado sobre una base teórica firme es lo siguiente: en la raíz de las proteicas manifestaciones del síndrome de utopía existe una discrepancia entre actualidad y potencialidad, es decir, entre el modo como las cosas *son* y el modo como *deberían ser* de acuerdo con ciertas premisas. Esta discrepancia exige un cambio que, al menos en teoría, puede ser aplicado bien a la actualidad o a la potencialidad a fin de cerrar el doloroso hiato entre ellas. En la práctica existen muchas situaciones en las que la realidad puede ser cambiada para adaptarla a una premisa. Pero existen probablemente también innumerables situaciones en las que nada puede hacerse para modificar el actual estado de cosas. Si en cada una de estas situaciones, la postulada potencialidad (el estado de «debería ser») es considerada más real que la realidad, se intentará realizar el cambio allí donde no puede realizarse y no se intentaría siquiera, si no se postulase en primer lugar la premisa utópica. Así pues, el problema está representado por la premisa de que las cosas *deben ser* de cierto modo y es esto lo que exige cambio, y no el modo como las cosas *son*. Sin la premisa utópica, la actualidad de la situación sería bastante soportable. Así pues, lo que tiene aquí lugar es una equivocación en cuanto al cambio: se intenta un cambio $_1$ cuando tan sólo el cambio $_2$ puede conducir a una solución.

VI. PARADOJAS

Todos los cretenses son mentirosos.
EPIÉNEDES DE CRETA. Siglo VI a.c.

«Creo que lo que intento decir es lo siguiente: quiero enseñar a Andy a hacer cosas, y quiero que haga cosas, pero quiero que *él quiera* hacerlas. Creo que puede obedecer ciegamente órdenes, sin que quiera obedecerlas. Me doy cuenta de que estoy cometiendo un error, no puedo precisar qué es lo que estoy haciendo mal, pero no me gusta imponerle lo que tiene que hacer; sin embargo, si se le dejase a su aire, estaría metido hasta aquí de trastos (se refiere a ropa, juguetes, etc., que echaría en el suelo). Hay dos extremos. Quiero que él *quiera* hacer cosas, pero me doy cuenta que hay algo que tendríamos que *enseñarle.*»

Se trata de palabras pronunciadas por una madre que explica las dificultades que tiene para cambiar el comportamiento de su hijo, de ocho años de edad, al que no le gusta hacer sus deberes escolares. Aun cuando se diese cuenta que había encerrado a sí misma y a su hijo en una paradoja, este conocimiento no aminoraría su desconcierto, sobre todo si tenemos en cuenta que la desconcertante naturaleza de la paradoja ha preocupado a mentes más grandes durante siglos.

Se afirma por lo general que si bien la paradoja parece crear una situación insostenible, este obstáculo puede superarse apelando al hecho de que tal situación es una imposibilidad lógica y por tanto, sin repercusión en la práctica. Así, el barbero de pueblo que ha de afeitar a todos los hombres de este último que no se afeitan solos y sólo a ellos, o el cartero que ha de entregar la correspondencia a todas las personas que no recogen ellas mismas la suya en la oficina de correos y sólo a ellas, no se encuentran en situación difícil por lo que se refiere a su propia barba y sus propias cartas, respectivamente, debido a que mientras permanezcamos estrictamente dentro del campo de la lógica formal, no podrá, por definición, existir tal barbero o tal cartero. Pero si desde un punto de vista lógico el asunto está fuera de discusión, sabemos sin embargo por la experiencia de comportamientos y situaciones «ilógicos» en nuestras vidas cotidianas, que este punto de vista demasiado lógico nos deja insatisfechos.

Que nosotros sepamos, fue Wittgenstein el primero que especuló acerca de la implicaciones prácticas, conductistas de la paradoja: «Los diversos aspectos semihumorísticos de la paradoja lógica revisten tan sólo interés en la medida en que recuerdan que para comprender la verdadera función de la paradoja es preciso abordarla con seriedad. Se plantea la cuestión siguiente: ¿qué papel puede desempeñar una confusión lógica así en un juego de lenguaje?». Wittgenstein hace luego referencia a la paradoja del rey (que había promulgado una ley con arreglo a la cual todo forastero que llegase a su Estado tenía que declarar el auténtico motivo de su entrada en el reino; aquellos que no dijesen la verdad tenían que ser ahorcados; lo cual hizo que un sofista dijese que el motivo que le había hecho venir era el de ser ahorcado en virtud de dicha ley) y plantea la cuestión crucial: «¿Qué clase de leyes deberá establecer el rey, de ahora en adelante, para escapar de la embarazosa situación en que le ha colocado su prisionero? ¿Qué clase de problema es éste?» (105).

El primer estudio sistemático de los efectos conductistas de la paradoja en las relaciones humanas fue llevado a cabo por un grupo investigador dirigido por el antropólogo Gregory Bateson. Su trabajo dio lugar a la postulación de la teoría del doble vínculo de la esquizofrenia (16). El trabajo subsiguiente, sin embargo, indica que la esquizofrenia es tan sólo un caso especial en el que rige esta teoría, la cual, dependiendo de los parámetros básicos de una situación humana dada, es aplicable de manera general a otros tipos de comunicación alterada, incluyendo patrones no psicóticos de interacción humana; de hecho, la creación inadvertida de la paradoja es un tercer modo muy típico de abordar erróneamente dificultades o cambios necesarios. Ya que en otro lugar nos hemos ocupado con mayor detalle de la naturaleza y el efecto de la paradoja (94), nos limitaremos a mencionar aquí dos destacados estudios, más recientes, en este campo: la obra del psiquiatra británico Ronald D. Laing, y en especial su brillante y exasperante libro *Knots* («Vínculos»)

(68), y los hallazgos de un equipo de investigación argentino, dirigido por el psiquiatra Carlos E. Sluzki y el sociólogo Eliseo Verón (85).

En resumen, lo que se quiere significar al hablar de los efectos de la paradoja sobre el comportamiento en la comunicación humana, son los peculiares callejones sin salida que se establecen cuando se intercambian mensajes estructurados precisamente como las paradojas clásicas en la lógica formal. Un buen ejemplo de un mensaje de este tipo es «¡Sé espontáneo!» (o bien alguna de sus posibles variaciones; véase, por ejemplo, el dibujo de la figura), es decir: la exigencia de un comportamiento que por naturaleza tan sólo puede ser espontáneo, pero que no puede serlo, a causa precisamente de haber sido exigido. Éste es también el dilema creado por la bienintencionada madre, a la que hacíamos antes referencia. Quiere que su hijo realice lo que ella le pide, no porque ella

FIGURA 4: *Estuve loca al casarme contigo. Estaba convencida de que te convertiría en un verdadero hombre.*

se lo pida, sino espontáneamente, por su propia voluntad. Así, por ejemplo, en lugar de la simple orden: «Quiero que estudies» (que el niño puede obedecer o desobedecer), le exige: «Quiero que *quieras* estudiar.» Ello exige que el niño no sólo haga bien lo que tiene que hacer (por ejemplo, estudiar), sino que haga lo que debe hacer por el motivo justo (es decir, estudiar porque *lo quiere,* porque *lo desea);* lo cual, *a)* puede resultar que se le castigue por hacer lo que debe hacer, pero por una razón equivocada (es decir, estudiar porque se le ha dicho que lo haga pudiendo ser castigado en caso contrario), y *b)* se le exige que realice un extraño número de acrobacia mental haciéndose desear a sí mismo aquello que no desea e, implícitamente, desear también esta coerción. Para la madre, la situación es también entonces insostenible. El modo como intenta cambiar el comportamiento de su hijo hace imposible lo que desea realizar con lo que ella queda tan enredada como él en la paradójica situación. Podría, desde luego, obligarle a estudiar, y aplicar «más de lo mismo» si él continuara rehusando, lo cual conduciría a un cambio $_1$ apropiado y satisfactorio en términos de la propiedad *d* de grupo (es decir, mediante la introducción del miembro recíproco)[1]. Pero no es esto lo que ella quiere. Desea acuerdo espontáneo y no mera obediencia a una regla. Un caso similar, que se da frecuentemente en conflictos conyugales, es el de la esposa que desea que su marido muestre ciertos comportamientos (o bien del esposo que desea lo mismo con respecto a su mujer), «pero solamente si ella (o él) lo desea realmente, ya que si se lo tengo que decir a ella (o a él), no merece la pena».

¿Qué clase de problema es éste?, podemos preguntarnos con Wittgenstein. Si es cierto que todos los cretenses son mentirosos[2], enton-

---

1. Esto, por tanto, es un ejemplo de tentativa de cambio $_2$ donde resulta adecuado un cambio $_1$ como hemos mencionado brevemente a finales del capítulo III. Es decir, se exige un cambio de actitud, no considerándose como lo suficientemente bueno un «mero» cambio de comportamiento.

2. Esta afirmación tan sólo la conocemos indirectamente a través de una referencia contenida en la carta de san Pablo a Tito (1, 10-12): «Hay muchos, especialmente entre los procedentes de la circuncisión, que se han rebelado; hacen discursos

ces Epiménides dice la verdad, pero en tal caso la verdad es que está mintiendo. Por lo tanto, es sincero cuando miente y está mintiendo cuando es sincero. La paradoja surge debido a la autorreflexividad de la afirmación, es decir, por una confusión entre miembro y clase. La afirmación de Epiménides se refiere a todas sus afirmaciones y por tanto también a la afirmación misma citada, ya que esta última es tan sólo un miembro de la clase constituida por todas sus afirmaciones. Una versión ligeramente ampliada, pero estructuralmente idéntica a su famosa sentencia contribuirá a poner este aspecto algo más en claro: «Cuanto digo es mentira (lo cual se refiere a todas mis afirmaciones y, en consecuencia, a la clase), y por tanto estoy mintiendo cuando digo estoy mintiendo (esto se refiere a esta última afirmación y, en consecuencia, a *un* miembro de la clase).»

La estructura de toda paradoja del tipo «¡sé espontáneo!» —y por tanto también a la exigencia de la mencionada madre «quiero que quieras estudiar»— es análoga. Impone la orden de que el comportamiento no deba obedecer a una orden, sino ser espontáneo[3].

Esta orden afirma, por lo tanto, que la obediencia a una orden emanada del exterior es un comportamiento inaceptable, ya que dicho comportamiento ha de estar libremente motivado desde el interior. Pero esta orden básica, que comprende a todas las órdenes (a la clase de todas ellas) es en sí misma una orden, es un miembro de la clase y se aplica a sí misma. Epiménides, al igual que la madre de nuestro ejemplo, viola por tanto el axioma central de la teoría de los tipos lógicos, es decir, que cuan-

vacíos y con ello inducen a engaño. A estos hay que taparles la boca, ya que están echando a perder a familias enteras con enseñar lo que no se debe, y todo por una sórdida ganancia. Fue un cretense precisamente, profeta entre los suyos, quien dijo: "Los cretenses son siempre embusteros, malas bestias, glotones, ociosos." ¡Y a fe que es verdadero este testimonio!» San Pablo no nombra a Epiménides; sí, en cambio, Clemente de Alejandría, cuando afirma que Epiménides es el hombre «mencionado por el apóstol Pablo en su epístola a Tito».

3. *Espontáneo*: Voluntario y de propio movimiento; que procede de un impulso interior; que se produce sin cultivo o sin cuidado de los hombres.

to comprende a toda una colección (clase) no puede ser un miembro de la colección[4]. El resultado es una paradoja.

Nos hallamos ahora en mejor posición para apreciar la particular forma de constitución de problemas inherente a algunos de los ejemplos que hemos citado al comienzo del capítulo III. El sujeto insomne se sitúa típicamente a sí mismo en una paradoja del tipo «¡sé espontáneo!»; intenta dar lugar a un fenómeno natural, espontáneo, el sueño, mediante un acto de voluntad, con lo que no consigue sino despabilarse más. De modo similar, la persona deprimida intenta cambiar su estado de ánimo concentrándose sobre sentimientos que debería tener para «sacarse a sí misma de la depresión», lo cual implica, desde luego, que los sen-

---

4. Ya hemos citado, a modo de ilustración, la negativa de Groucho Marx a inscribirse en un club que se mostrara dispuesto a aceptar, como miembro, a alguien de su calaña. Otro ejemplo sería el siguiente: imaginemos que hacia el 10 de diciembre, alguien compra una caja de *christmas* y solicita de la vendedora que se lo empaquete como para un regalo. Surge así una típica confusión paradójica entre el contenido (las tarjetas de felicitación de Navidad) y la forma de presentar el contenido (el empaquetado como regalo): si se trata de un regalo navideño, como lo indica su presentación, su contenido es absurdo, ya que los *christmas* se envían individualmente y antes de Navidad. Pero si los *christmas* han de ser utilizados así, el hecho de empaquetarlos como si se tratase dc un regalo es absurdo. Es decir: si tan extraño empaquetado es un regalo de Navidad, no lo es, y si no lo es, lo es.

Durante uno de aquellos encuentros más bien amistosos y eventuales que al parecer tenían lugar hace mucho, mucho tiempo entre el Señor y el diablo, este último intentó demostrarle a Dios que no es todopoderoso, pidiéndole que crease una roca tan enormemente grande que ni él mismo pudiese saltar sobre ella. No nos ha llegado la respuesta que dio el Señor a esta petición, pero la historia parece ser que creó cierta perplejidad entre los escolásticos del siglo XII. Así por ejemplo, Hugo de San Víctor realizó una casi conmovedora tentativa para salvaguardar la omnipotencia divina, tentativa que constituye un buen ejemplo del callejón sin salida al que puede conducir un esfuerzo por resolver paradojas. En efecto, al final de su razonamiento, Hugo no ve otro modo de salir de la maraña en que se ha enredado al establecer sus «pruebas» sino negando categóricamente la capacidad de Dios para realizar lo imposible, llegando a la singular conclusión de que ser capaz de realizar lo imposible no es demostración de omnipotencia sino de impotencia: *Deus impossibilia non potest; impossibilia posse non est posse, sed non posse.*

timientos puedan ser programados para surgir espontáneamente, tan sólo con proponérselo seriamente. Las paradojas del tipo «¡sé espontáneo!» adquieren también relieve en el modo como determinadas personas intentan superar sus dificultades sexuales. Una erección o un orgasmo son fenómenos espontáneos; cuanto más intensamente se desea que sucedan, cuanto más se esperan y se quiere forzar su aparición, tanto menos probable es su ocurrencia. Un modo seguro de convertir un encuentro sexual en un fracaso es proyectarlo y premeditarlo previamente con todo lujo de detalles[5]. La experiencia clínica muestra que muchos casos de falta de respuesta sexual pueden hallarse relacionados con desesperadas tentativas realizadas por la mujer en el transcurso del contacto para producir en «algún» modo dentro de sí misma aquellas sensaciones que, de acuerdo con sus expectativas o con algún manual sexológico, *debería* tener en determinado momento durante el coito. Señalaremos que en todos estos ejemplos no hay utopía alguna, ya que los hechos de dormirse, de tener determinados sentimientos o experimentar determinadas reacciones sexuales son fenómenos muy naturales.

Las dictaduras imponen, de modo casi inevitable, paradojas similares. No se contentan aquéllas con la mera obediencia a las leyes basadas en el sentido común (que, en último término, es cuanto se exige en una democracia), sino que quieren cambiar los pensamientos, los valores y los puntos de vista del pueblo. La mera docilidad o las aseveraciones no sólo no bastan, sino que pueden ser considerados como una forma de resistencia pasiva, e incluso aquella forma de silencio, que durante el dominio hitleriano era designado como «emigración interior», se interpreta como un signo de hostilidad. No basta con someterse simplemente a la coerción, hay que quererla. No basta con realizar una confesión y firmarla, se ha de creer en los términos de la misma y arrepen-

---

5. Análogamente, en una obra, que, con el título de *Sensuality for Singles* («Sensualidad para solteros), pretende brindar «esotéricamente» unos consejos prácticos, puede leerse: «La obtención de un maduro placer sexual en las relaciones íntimas es resultado de un plan cuidadosamente establecido...»

tirse sinceramente, como se describe en las novelas *El cero y el infinito* de Arthur Koestler (58), o en *1984* de George Orwell (76), o también, autobiográficamente: en *The Accused,* de Weissberg (100), o en *Hijo de la revolución,* de Leonhard (72), para mencionar tan sólo unos cuantos ejemplos, y tal como se practica actualmente en los «lavados de cerebro». Pero tal método no conduce y no puede conducir al resultado deseado, y al final de sus esfuerzos el lavador de cerebros se encuentra frente a un cadáver, un psicótico o un *apparatchik* semejante a un robot y ninguno de estos cambios se parece en nada a lo que se proponía conseguir.

Pero sería un error creer que estas paradojas y otras similares no pueden surgir bajo un sistema menos totalitario de gobierno y en este sentido la diferencia entre una sociedad represiva y una sociedad permisiva es tan sólo, desgraciadamente, de grado y no de sustancia. Ninguna sociedad puede permitirse no defenderse contra desviaciones, ni dejar de intentar cambiar a los que se oponen a sus normas y estructuras. Pese a los miles de volúmenes que se han publicado sobre derecho penal, la filosofía de la justicia nunca ha sido capaz —y quizás nunca lo será— de suprimir en la función de castigar la contaminación paradójica de represalias, disuasión y reforma. De estas tres funciones, la última, la reforma, es desgraciadamente al mismo tiempo la más humana, así como la más paradójica. Aun cuando no poseemos, evidentemente, competencia para abordar los problemas extremadamente intrincados de la administración humana de justicia criminal, los problemas a que dan lugar las tentativas de cambio de la mentalidad de los delincuentes y de su comportamiento pueden ser comprobados hasta por un lego en derecho penal. Ya se trate de un presidio para adultos o de un reformatorio para delincuentes juveniles, la paradoja viene a ser la misma: el grado en que el delincuente se supone ha sido reformado por estas instituciones es juzgado a base de lo que diga y haga «rectamente» *precisamente por haber sido reformado,* y no debido meramente a que haya aprendido a hablar un lenguaje apropiado y a realizar los debidos gestos. La reforma, cuando es considerada como algo distinto a la mera obediencia, es ineludiblemente autorreflexiva — se supone entonces que es a la vez su propia causa y su propio efecto. Este juego lo realizan con éxito los buenos «actores»; los únicos perdedores son aquellos reclusos que o bien rehúsan ser reformados debido a que son demasiado «honestos» o a que están demasiado furiosos para seguir el juego, o bien aquellos que ocultan mal el propósito de seguirlo tan sólo porque quieren salir de su reclusión, no actuando por tanto espontáneamente. De todo lo cual resulta que los propósitos humanitarios suscitan actitudes hipócritas y en consecuencia se llega a la melancólica conclusión de que parece preferible establecer un precio para espiar un delito, es decir un castigo, dejando en paz la mente del delincuente y evitando así las turbadoras consecuencias de las paradojas del control mental.

Otra institución social, manifiestamente dedicada al cambio, es el hospital para enfermos mentales. No es de sorprender que también ésta esté plagada de problemas debidos a la interpretación de la docilidad exigida y la espontaneidad esperada, con la excepción de que aquí los problemas se hallan indescriptiblemente complicados por el hecho de que el paciente hospitalizado es considerado como incapaz para adoptar por sí mismo las debidas decisiones. Alguien ha de decidir por el paciente y por el propio bien de éste. Si no logra darse cuenta de esto, tal fallo es considerado como una prueba más de su incapacidad. Esto crea una situación terriblemente paradójica, que exige por parte de los pacientes y del equipo terapéutico «jugar a no jugar» el juego de la curación. La conducta cuerda en el hospital es aquella que va de acuerdo con normas muy definidas; hay que obedecer estas normas espontáneamente y no por imposición; mientras dure la necesidad de imposición, el paciente sigue siendo considerado como un enfermo. Siendo así, la vieja estrategia para ser dado de alta rápidamente de un hospital para enfermos mentales es más que un mero chiste:

a) desarrolla un síntoma lo suficientemente extravagante como para molestar de un modo considerable a toda la sala;

b) apégate a un psiquiatra joven que tenga necesidad de obtener su primer éxito;

c) déjale que te cure rápidamente de tu síntoma y

d) conviértele así en el más ferviente abogado de la recuperación de tu cordura.

Hasta aquí hemos estado citando ejemplos de lo que Goffman (42) llama instituciones totales. Pero existen contextos mucho menos represivos, que se hallan puestos al servicio del cambio, y se pueden enmarañar en paradojas similares que excluyen el cambio que se intenta realizar. El psicoanálisis, por ejemplo, ha sido humorísticamente definido como la enfermedad de la cual se supone es la cura; aforismo que refleja muy bien su naturaleza paradójica, autorreflexiva, pero que deja de tener en cuenta los aspectos curativos a los que se aplica la paradoja, con o sin conciencia por parte del analista, como han mostrado Jackson y Haley (52) en su clásico trabajo sobre la transferencia. Pero existe un aspecto del psicoanálisis que tiene consecuencias mucho más insostenibles que la relación médico-paciente. Se trata de la relación entre un candidato a psicoanalista y su psicoanalista didáctico. Como se sabe, el psicoanálisis personal de un futuro analista es parte importante de su preparación. En el transcurso de este análisis se supone que lucha a brazo partido al menos con aquellas tendencias neuróticas más importantes de su personalidad que pueden interferir más seriamente con su futura labor. El curso y el resultado del análisis didáctico se convierte así en uno de los criterios decisivos para evaluar si el diploma de psicoanalista ha de ser concedido o no[6]. Esto sitúa al candidato en una posición mucho más paradójica que al paciente. Se espera que cambie, y el grado del cambio realizado se deduce de las manifestaciones mentales consideradas como más espontáneas: los sueños y las asociaciones libres. Mientras que no cabe impedir que un paciente determinado suspenda su tratamiento o se dirija a otro psicoanalista, tales salidas no las puede utilizar el candidato a psicoanalista. Por una parte se espera que sea completamente espontáneo y sincero en sus comunicaciones al psicoanalista didáctico, y por otra sabe que si su espontaneidad no es de la índole debida, su psicoanalista no podrá recomendar su aprobación. Así pues, en este extraño contexto interpersonal, no basta la sumisión, pero la indocilidad está completamente fuera de cuestión.

6. Véase en este sentido (86) y Szasz (87).

Este ejemplo nos aproxima de nuevo a los problemas generales inherentes al amplio campo de la educación, la cual es en sí una institución eminentemente dedicada al cambio. Ya hemos mencionado el concepto de pertinencia, aquí nos limitaremos a señalar una variante universal de la paradoja del tipo «¡Sé espontáneo!» anteriormente mencionada a propósito del ejemplo de la madre. Está oculta en la afirmación: «La escuela es divertida» (o bien: «La escuela ha de ser divertida»), una mentira que tan grata es a los corazones de los padres y de los educadores americanos, pero que tan alejada está de la experiencia actual de los estudiantes en general. Pero no hemos de subestimar el poder de un dogma social semejante, sobre todo para un niño. Es típico que dicho mensaje no vaya acompañado por explicación alguna y más esta ausencia, en lugar de invalidarlo lo refuerza, ya que supone que su verdad es evidente. Así pues «no sólo no soy normal si no me gusta el colegio, sino que además debo ser malo o estúpido si soy incapaz de ver lo divertido que es lo que los demás, al parecer, pueden ver claramente». Otra posible reacción es la siguiente: «No estoy siendo tratado igual que los otros estudiantes, y eso será porque a mí no me divierte el colegio.»

En el sistema educativo tradicional, el profesor era reconocido como la autoridad y era él quien determinaba los temas que tenían que aprenderse. En la educación moderna se han realizado enérgicas tentativas para democratizar su papel, pero ello ha creado turbadoras paradojas, muy similares a las de la madre y su hijo pequeño que no quiere hacer sus deberes. Se puede esperar que, en términos generales, los educadores tengan la competencia necesaria para decidir sobre el valor de las diversas materias, pero no existe un modo «democrático» mediante el cual puedan pedir a los estudiantes que se comprometan al estudio de las materias. Sin embargo, si se deja decidir democráticamente a los estudiantes lo que desean o no estudiar y si desean acudir o no al colegio, el resultado sería un caos. Todo lo que puede hacer por tanto el profesor es utilizar métodos sutiles para influir en los estudiantes, en el sentido de encauzar sus mentes en la dirección «debida», convenciéndoles y convenciéndose desde luego a sí mismo de que se trata de algún modo de «técnicas didácticas» y no de medios encubiertos de coerción, ya que la coerción es un concepto anatematizado desde el punto de vista del caro ideal de la espontaneidad.

Las relaciones humanas en general constituyen un área en la que puede surgir fácil e inadvertidamente la paradoja en el curso de una tentativa destinada a superar dificultades. Ya que nos sentimos reales tan sólo en la medida en que alguien con importancia para nosotros confirma o ratifica nuestra propia imagen, y ya que tal ratificación tan sólo servirá al propósito si es espontánea, únicamente un caso ideal de interrelación humana puede estar libre de paradoja. El elemento de colusión está habitualmente presente en grado mayor o menor y adopta la forma de una negociación: sé esto para mí y yo seré esto para ti. A no ser que este trato de «algo por algo», el *quid pro quo* de una relación (51), sea aceptado como parte del juego de la vida, tiene que conducir a problemas. En «El balcón», sobre todo en el primer acto, Genet ha dibujado magistralmente un microcosmos de este tipo colusivo. En el superburdel de Madame Irma, se les proporciona a los clientes todos los complementos necesarios para cambiar sus mezquinas existencias en sueños semirreales de grandeza, tan sólo semirreales, desde luego, ya que existe un pago por este servicio y también porque continúan teniendo lugar pequeños lapsos enojosos y desencantadores; así por ejemplo, cuando los complementos no recuerdan bien sus papeles. La futilidad de intentar cambios adoptando este modo y los problemas interpersonales creados por la colusión han sido tratados detalladamente por Laing (64).

En general, los problemas que se dan en psicoterapia conyugal tienen que ver con frecuencia con la casi siempre insuperable dificultad de cambiar el *quid pro quo* en que se basó originalmente la relación. Desde luego, este *quid pro quo* nunca es el resultado de una franca negociación, sino más bien de la índole de un contrato tácito, cuyas cláusulas pueden ser asaz incapaces de verbalizar ambos miembros de la pareja, mientras al mismo tiempo son extremadamente sensibles a cualquier violación de estas cláusulas no escritas. Si surge el conflicto, los cónyuges intentan resolverlo, típicamente, sobre la base del contrato y se ven así inmersos en un problema, similar al expuesto de los nueve puntos, que se han fabricado ellos mismos. Cualquier cosa que hagan dentro del esquema se realiza sobre la base de la propiedad *a* del grupo y por tanto deja sin modificar el patrón general de la relación (el grupo de sus comportamientos de relación mutua). Los contratos tácitos interpersonales del género del que estamos examinando están destinados forzosamente a volverse anacrónicos e inaplicables, y el cambio que sería necesario aquí habría de ser el del *propio* contrato (es decir: un cambio $_2$) y no tan sólo un cambio $_1$ dentro de las cláusulas del contrato. Pero como hemos mencionado repetidamente, este paso desde «dentro» hacia «fuera» es extremadamente difícil y las técnicas de verificar el cambio $_2$ constituirán el tema de la parte tercera del presente libro.

PARTE TERCERA

RESOLUCIÓN DE PROBLEMAS

VII. CAMBIO 2

El medio de salir es a través de la puerta. ¿Por qué nadie quiere utilizar esta salida?

CONFUCIO

¿Cuál es vuestra meta en filosofía? Enseñar a la mosca el camino que conduce fuera de la botella.

WIITTGENSTEIN

Las mitologías tardan en morir y las mitologías del cambio no constituyen una excepción. Siendo el cambio un elemento tan generalizado y extendido de la existencia, cabría esperar que la naturaleza del cambio y los modos de realizarse fueran claramente comprendidos. Mas aquello que se halla más a nuestro alcance es con frecuencia lo más difícil de captar, y sabido es que esta dificultad suscita la formación de mitologías. Desde luego, nuestra teoría del cambio es asimismo otra mitología; mas nos parece que, para parafrasear a Orwell, algunas mitologías son menos mitológicas que otras. Es decir resultan más eficaces que otras en los contextos específicos de la vida humana.

Cuando en el transcurso de nuestro trabajo relativo a problemas humanos nos fuimos sintiendo cada vez menos satisfechos con las mitologías establecidas y más interesados en examinar el proceso del cambio en sí mismo, descubrimos pronto algo que cabía haber esperado desde un principio. En efecto, sí alguien había ya tratado de indagar la fuente más obvia para la comprensión del cambio, no había dejado ningún testimonio escrito. Dicha fuente es lo que llamaremos el cambio espontáneo, es decir, el modo de resolver problemas en los asuntos corrientes de la vida, sin ayuda de los conocimientos de expertos, de teorías sofisticadas y de un esfuerzo concentrado. Esta absurda situación nos recuera en más de un aspecto aquella famosa investigación escolástica acerca de la naturaleza de las cosas, cuándo en pleno siglo XIII, la universidad de París intentó responder a la cuestión de si el aceite, dejado a la intemperie de una fría noche de invierno, se congelaba. Los sesudos doctores, intentaban hallar la respuesta en las obras de Aristóteles, en lugar de observar qué ocurría al aceite en la realidad de las circunstancias apuntadas.

Cuando todo ello comenzó a surgir en nuestras aristotélicas mentes, empleamos un tiempo considerable hablando con gentes que nos parecían disponer de cierto conocimiento práctico en una o más de estas tres áreas: 1) los fenómenos relativos al cambio espontáneo, 2) los métodos de efectuar un cambio empleados por personas menos recargadas que nosotros con mitologías u otros conocimientos técnicos profesionales y 3) aquellos modos de cambio conseguidos por profesionales, que son inexplicables y escapan del marco de las teorías de éstos. Los contactos que establecimos incluyeron camareros, detectives de grandes almacenes, neuróticos espontáneamente curados, vendedores, asesores de sociedades de crédito, maestros, pilotos de líneas aéreas, policías con maña para desconectar situaciones potencialmente explosivas, unos cuantos estafadores más bien simpáticos, individuos que habían realizado tentativas de suicidio, psicoterapeutas como nosotros, y hasta algunos padres. La idea parecía buena pero los resultados obtenidos fueron escasos. Hallamos algo que, retrospectivamente considerado parece obvio, es decir, que el talento para resolver problemas de modo no ortodoxo parece ir unido a una incapacidad para ver claramente y expresar a otros la índole de las ideas y actos que entran en juego en sus afortunadas intervenciones. El descubrimiento siguiente fue el de que nosotros mismos habíamos venido utilizando técnicas de cambio similares, y que debía haber ciertas ideas implícitas en virtud de las cuales operábamos. Tuvimos la frecuente experiencia de observar la sesión inicial de un caso y, sin previo acuerdo, llegar independientemente a la misma estrategia de tratamiento, estrategia que extrañaba grandemente a los frecuentes visitantes de nuestro centro. Intentando explicársela, hallamos que también nosotros éramos extrañamente incapaces de precisar las bases teóricas de nuestras decisiones y medidas[1].

Mas aun cuando nuestros informadores no contribuyeron directamente a una teoría del cambio, sus ejemplos fueron con frecuencia bastante útiles y confirmaron nuestras sospechas acerca de que el cambio espontáneo es con frecuencia algo muy alejado de lo que se supone que es, de acuerdo con una teoría existente. He aquí unos ejemplos:

En el primer día de su asistencia a un jardín de infancia, una niña de cuatro años se excitó tanto cuando su madre se preparó a abandonarla, que esta última se vio obligada a permanecer con ella hasta que terminó el colegio. En el día consecutivo y en los siguientes, sucedió lo mismo y la madre fue incapaz de marcharse. La situación se convirtió muy pronto en un problema para todos los implicados en la misma, pero fracasaron todos los esfuerzos realizados para resolverlo. Una mañana, la madre no pudo llevar a la niña al colegio, y fue el padre el que la llevó en el coche antes de ir a su trabajo. La niña lloró un poco, pero se calmó rápidamente. Cuando la madre la volvió a llevar al colegio al día siguiente, no volvieron a repetirse los mencionados episodios. La niña permaneció tranquila y no volvió a presentar jamás el mismo problema[2].

1. Eventualmente nos dábamos cuenta de que tal estado de cosas se halla directamente vinculado a la estructura jerárquica de todo lenguaje, comunicación, aprendizaje, etc. Como hemos señalado en el capítulo I, expresar o explicar algo requiere un salto a un nivel lógico por encima de aquello que ha de ser expresado o explicado. No se puede llevar a cabo una explicación al mismo nivel; se ha de utilizar un metalenguaje, pero este metalenguaje no siempre está a disposición de uno. Efectuar un cambio es una cosa, comunicar *acerca de* dicho cambio es otra; se trata sobre todo de un problema de correcta tipificación lógica y de crear un metalenguaje apropiado. En investigación psicoterápica es muy corriente que psicoterapeutas especialmente dotados e intuitivos piensen que saben por qué están haciendo lo que hacen, pero sus explicaciones no están a la altura de los resultados. Y por el contrario, muchos escritores bien dotados se asombran e incluso se molestan al ver que otros son capaces de leer en sus obras significados más profundos que los que ellos mismos planearon. Así, mientras que los primeros creen conocer o saber, pero al parecer no saben, los segundos parecen conocer más de lo que aceptan reconocer; lo cual nos recuerda la cita de Laing: «Si no sé que no sé, pienso que sé; sí no sé que sé, pienso que no sé.»

2. Se plantea aquí una cuestión obvia: ¿qué habría sucedido si el psicólogo escolar

El siguiente ejemplo es el representado por un matrimonio cuyas relaciones sexuales se habían ido haciendo cada vez menos frecuentes, hasta cesar por completo varios meses antes del siguiente episodio: se hallaban de vacaciones y pasaron la noche en casa de un amigo. En el cuarto de huéspedes de dicho amigo, la doble cama estaba situada en una esquina y por ello tan sólo resultaba posible aproximarse a ella por un lado y por la parte correspondiente a los pies, mientras que en el propio dormitorio del matrimonio la cama se hallaba arrimada a la pared tan sólo por la cabecera y así podían entrar ambos cónyuges en la misma desde sus respectivos lados. En algún momento durante la noche, el marido, que estaba acostado del lado de la pared, tuvo que levantarse; primero tropezó con la pared de su lado, luego se dio cuenta de dónde estaba y tuvo que pasar por encima de su mujer para levantarse. Al hacerlo así, y para expresarlo con sus propias palabras, se dio cuenta «de que había allí algo que valía la pena» y tuvo relaciones sexuales con su mujer. Esto rompió de algún modo el hielo y sus relaciones sexuales volvieron a establecerse con una frecuencia adecuada. No vamos a entrar aquí en el *porqué* de este cambio, pero con respecto a nuestro ejemplo nos bastará hacer constar el hecho de que el cambio tuvo lugar a resultas de un acontecimiento provocador sumamente fortuito y al parecer poco importante, y en el que se trató desde luego de algo que difícilmente habría formado parte de una tentativa profesional para resolver el problema.

hubiese tenido ocasión de estudiar este problema? Lo más probable es que el caso hubiese sido diagnosticado de fobia escolar y, según la mitología profesional del psicólogo, la necesidad de dependencia del niño, la hiperprotección por parte de la madre, los aspectos simbióticos de su relación mutua, eventualmente un conflicto conyugal entre los padres, causante del problema del comportamiento de la niña, habrían sido objeto de psicoterapia. Si a los veintiún años de edad la hija incurriera en dificultades emocionales de cualquier género, tendría ya un historial psiquiátrico que abarcaría hasta su infancia y ello, a su vez, empeoraría el pronóstico. Con respecto a este ejemplo se pueden elevar, desde luego, todo género de objeciones. La más probable es la de que la facilidad con la que tuvo lugar el cambio demuestra que aquí no existía una fobia auténtica. Remitimos a Salzman (82) al lector que se interese por este argumento.

El tercer ejemplo es el representado por un sujeto soltero, de mediana edad, que llevaba una vida más bien aislada y complicada por una agorafobia, que hacía que su territorio libre de angustia se fuese reduciendo progresivamente. Llegó a alcanzar un punto tal que no sólo le impedía ir al trabajo, sino que incluso amenazaba con impedirle acudir a las tiendas vecinas de las que dependía para sus compras de alimentos y de otros artículos de primera necesidad. En su desesperación decidió suicidarse. Él método que eligió fue conducir su coche en dirección a la cumbre de una montaña, a unos ochenta kilómetros de distancia, convencido de que al alejarse unas cuantas manzanas de su casa, su ansiedad o un ataque cardíaco le librarían de su miserable vida. El lector puede adivinar el final de la historia: no sólo llegó sano y salvo a su destino, sino que por primera vez en muchos años se vio libre de su angustia. Se comprende que, habiendo quedado intrigado por su experiencia, deseó que la conociesen otras personas que presentasen sufrimientos análogos a los suyos, y eventualmente encontró a un psiquiatra que se interesaba por las remisiones espontáneas y por tanto le tomó en serio (3). El psiquiatra ha mantenido contacto con él durante más de cinco años y ha podido comprobar así que dicho sujeto no sólo no recayó en su fobia, sino que pudo ayudar a gran cantidad de otros fóbicos.

Mencionaremos aquí un último ejemplo, lógicamente no proporcionado por nuestros informadores, que se refiere al género de solución de problemas que estamos examinando ahora. Durante uno de los numerosos motines que hubo en París durante el siglo XIX, el comandante de un destacamento militar recibió órdenes para despejar una plaza de la ciudad haciendo fuego contra la *canalla*. Ordenó a sus soldados que apuntasen sus fusiles contra la multitud y cuando se hizo un silencio mortal, desnudó su espada y gritó con toda la fuerza de sus pulmones: «Mesdames, messieurs: tengo órdenes de disparar contra la canalla. Pero como veo gran número de ciudadanos honestos y respetables ante mí, les pido que se marchen, a fin de que pueda disparar tan sólo contra la canalla.» La plaza quedó completamente vacía en pocos minutos.

¿Poseen todos estos ejemplos un común denominador? A primera vista parece que no. En los dos primeros ejemplos, el causante del cambio parece ser un acontecimiento menor, sin importancia aparente, fortuito; en el tercer ejemplo lo es un acto de desesperación y en el cuarto, una notable muestra de psicología de masas. Pero aplicando el concepto de cambio $_2$, estos incidentes, aparentemente distintos, ponen de manifiesto su afinidad. En cada uno de los casos es aplicada la acción decisiva (voluntaria o involuntariamente) a la *solución* intentada —específicamente a lo que se hace para enfrentar con la dificultad— y no a la dificultad *misma:*

1) la madre permanece, día tras día, con la niña, como única solución que se la ofrece para evitar las rabietas de su hija. Se trata de un cambio $_1$, con el que obtiene un éxito relativo, pero deja el problema general inmodificado e inmodificable. La dificultad de la niña para adaptarse al jardín de infancia llega a convertirse en un «problema»; la ausencia de la madre una mañana da lugar también a una ausencia del comportamiento de evitación y el sistema se reorganiza sobre una nueva base.

2) El matrimonio probablemente comenzó a encontrar dificultades a causa de la índole rutinaria de su vida sexual. La frecuencia de sus relaciones disminuía y comenzaban a evitarse mutuamente; la frecuencia cada vez menor de sus relaciones, a su vez, les preocupaba cada vez más y les impulsaba a un creciente apartamiento mutuo. La situación creada en el cuarto de huéspedes del amigo dio lugar a un cambio $_2$, interfiriendo con su «solución» anterior, es decir, con su patrón de evitación mutua, pero tal cambio no tenía al parecer nada que ver con aquello que, desde un punto de vista tradicional, habría de considerarse como su «verdadero problema».

3) En el caso del agorafóbico resulta particularmente evidente que su «solución» *es* el problema. Cuando, contrariamente a todo sentido común, cesa de intentar resolver su problema permaneciendo dentro de su espacio libre de angustia, el abandono de este modo de resolver el problema es lo que lo resuelve.

4) El oficial se ve enfrentado con una multitud amenazadora. Del

modo típico de un cambio $_1$, tiene órdenes de oponerse a la hostilidad con una contrahostilidad, con «más de lo mismo». Ya que sus hombres están armados y la multitud no lo está, no cabe duda de que tal fórmula tendrá éxito. Pero dentro de un contexto más amplio, tal cambio no solamente no constituirá un cambio, sino que contribuirá a intensificar más aún la agitación existente. Mediante su intervención, el oficial efectúa un cambio $_2$, es decir, aborda la situación desde fuera del marco que hasta dicho momento contenía tanto a él, como a la multitud, y lo *reestructura* de un modo aceptable para todos los implicados en el mismo; y con esta reestructuración tanto la amenaza primera, como su intentada «solución» pueden ser dejadas de lado.

Recapitulemos ahora lo que hasta el momento hemos descubierto acerca del cambio $_2$:

a) El cambio $_2$ es aplicado a aquello que dentro de la perspectiva del cambio $_1$ parece constituir una solución, debido a que dentro de la perspectiva del cambio $_2$, tal «solución» se revela como la causa del problema que se intenta resolver.

b) Mientras que el cambio $_1$ parece basarse siempre en el sentido común (así, por ejemplo, en la receta de «más de lo mismo»), el cambio $_2$ aparece habitualmente como extraño, inesperado y desatinado; se trata de un elemento desconcertante, paradójico del proceso de cambio.

c) Aplicar técnicas de cambios $_2$ a la «solución» significa que se aborda la situación en su «ahora y aquí». Estas técnicas se aplican a los efectos y no a sus supuestas causas; la pregunta crucial correspondiente es *¿qué?* y no *¿por qué?*

d) La utilización de técnicas de cambio $_2$ libera la situación de la trampa engendradora de paradojas creada por la autorreflexividad de la solución intentada, y coloca a la situación sobre una base diferente (como sucede con la solución del problema de los nueve puntos).

Por lo que se refiere a estos cuatro principios, ya hemos dicho bastante acerca del primero; la parte segunda del presente libro está dedicada por completo a él. El segundo principio, la índole contraria al sentido común del cambio $_2$, ha sido objeto del capítulo II. El tercer principio es aquel que, al menos dentro de nuestra experiencia, es más intensamente rechazado por aquellos que se ocupan profesionalmente de efectuar cambios, y hemos de considerarlo en detalle:

La pregunta *¿por qué?* ha desempeñado siempre un papel central, virtualmente dogmático en la historia de la ciencia. Al fin y al cabo, se supone que la ciencia se ocupa de explicaciones. Consideremos ahora la afirmación siguiente: «No somos capaces de explicar *por qué* el pensamiento científico concibe la explicación como la condición previa del cambio, pero no cabe duda de *que* así la concibe.» Esta afirmación se refiere al principio que estamos examinando y constituye al mismo tiempo un ejemplo del mismo. Darse cuenta del *hecho* de que se plantea la pregunta *¿por qué?* y de que ésta determina los procedimientos científicos y los resultados de los mismos, no presupone una explicación válida de *por qué* es planteada. Es decir, podemos considerar la situación tal como existe ahora y aquí, sin comprender de qué modo ha surgido, y a pesar de nuestra ignorancia acerca de su origen y su evolución podemos hacer algo con ella (o acerca de ella). Al proceder así, estamos preguntando: ¿en *qué* consiste la situación? *¿qué* está sucediendo ahora y aquí?[3]. Sin embargo, el mito de que para resolver un problema se ha de comprender primeramente su *porqué* está tan profundamente arraigado en el pensamiento científico, que se considera cualquier intento de abordar el problema en términos de su estructura y de sus consecuencias presentes como el colmo de la superficialidad. Sin embargo, incluyendo este principio dentro de nuestra teoría del cambio, nos hallamos en buena compañía. No se trata ciertamente de un descubrimiento realizado por nosotros; cuanto podemos decir es que nos hemos tropezado con él en el curso de nuestro trabajo. Tan sólo gradualmente nos dimos cuenta de que había sido enunciado con anterioridad, si bien en diferentes contextos.

---

3. Resulta notable lo raramente que se pregunta seriamente «¿qué?». En lugar de ello, o bien se considera que la índole de la situación es lo bastante evidente, o se la describe y explica sobre todo en términos de «por qué», con referencia a sus orígenes, sus razones, sus motivos, etc., más bien que a los acontecimientos observables ahora y aquí.

Una de las fuentes es Wittgenstein, cuya obra hemos mencionado ya en repetidas ocasiones. En sus *Investigaciones filosóficas* adopta una actitud muy firme frente a las explicaciones y sus límites. «Las explicaciones llegan en alguna parte a un límite. Mas ¿cuál es el sentido de la palabra "cinco"? El sentido no interviene aquí en absoluto, sino tan sólo el modo como se utiliza la palabra "cinco"» (106), afirma inicialmente y más adelante, en la misma obra, vuelve a insistir sobre este tema dentro de una formulación que va más allá de las abstracciones de la filosofía del lenguaje y se adentra en un terreno que se nos aparece como muy familiar: «Sucede con frecuencia que tan sólo advertimos los *hechos* importantes cuando suprimimos la pregunta "¿por qué?" y luego, en el curso de nuestras investigaciones, dichos hechos nos conducen a una respuesta» (109). Para Wittgenstein, lo discutible es la pregunta misma; un pensamiento que posee gran afinidad con nuestras investigaciones sobre el cambio y que ya abordó en la obra más importante de su primera época: el *Tractatus Logico-Philosophicus:* «Nosotros sentimos que incluso si *todas las posibles* cuestiones científicas pudieran responderse, los problemas de nuestra vida no se habrán rozado en absoluto. Desde luego no queda entonces ninguna cuestión pendiente y es esto precisamente la respuesta. La solución del problema de la vida está en la desaparición de este problema» [6.52 y 6.521] (103).

Mencionaremos brevemente las matemáticas. Aquí tampoco se pregunta *¿por qué?*, y sin embargo constituyen el camino real hacia penetrantes análisis y soluciones imaginativas. Las afirmaciones matemáticas se comprenden mejor como elementos interrelacionados dentro de un sistema. No se requiere una comprensión de su origen o de sus causas para captar su significación, e incluso tal comprensión podría inducir a errores.

Otra área en la que las explicaciones causales o las cuestiones acerca del sentido desempeñan un papel muy secundario es la cibernética. Citaremos nuevamente a Ashby sobre el tema del cambio en general y el concepto de transformación en particular:

> Observamos que la transformación es definida, no por referencia a lo que «realmente» es, ni mediante referencia a ninguna causa físi-

ca del cambio, sino indicando una serie de operandos y exponiendo cómo ha cambiado cada uno. La transformación concierne a lo que sucede y no a *por qué* sucede (12).

Y finalmente, avanzando desde lo más abstracto a lo más concreto, encontramos un apoyo para la observación fundamental en el *¿qué?* en lugar de en el *¿por qué?* en el llamado principio de investigación de la «caja negra», tal como se usa en electrónica. El término tiene su origen en la segunda guerra mundial y fue aplicado al procedimiento a seguir cuando se capturaba el equipo electrónico enemigo que no podía ser desmontado debido a la posibilidad de que contuviese cargas destructivas. En estos casos, los investigadores aplicaban sencillamente diversas formas de *input* a la «caja» y medían su salida o *output*. Así lograban averiguar *qué* es lo que realizaba esta pieza de equipo, sin forzosamente averiguar también *por qué* lo hacía. Hoy día, este concepto es aplicado de un modo más general al estudio de circuitos electrónicos cuya estructura es tan compleja (si bien lo es mucho menos que la del cerebro), que resulta más práctico estudiar meramente sus relaciones *input-output* que la estructura real del aparato.

Como hemos mencionado, la resistencia a una devaluación del *por qué* en favor del *qué* parece ser mayor en el estudio del comportamiento humano. ¿Qué hacer, se argumenta habitualmente, con el hecho innegable de que el comportamiento actual de una persona es el resultado de su experiencia en el pasado? ¿Cómo puede una intervención, que no se ocupa en absoluto de causas en el pasado, ejercer efectos persistentes en el presente? Pero son estas afirmaciones, precisamente, las que quedan más claramente refutadas por el estudio de los cambios actuales, sobre todo de los espontáneos. La experiencia cotidiana, y no tan sólo la clínica, muestra que puede existir un cambio sin *insight* y que muy pocos cambios de comportamiento individual o social van acompañados, y no digamos precedidos, de una percepción de las vicisitudes de su génesis. Puede ocurrir, por ejemplo, que el insomnio que padece un sujeto tenga su raíz en el pasado: su madre fatigada y nerviosa le chillaba para que se fuese a dormir y la dejase en paz. Pero mientras que este tipo de descubrimiento proporciona una *explicación* plausible y en ocasiones incluso muy sofisticada de un problema, por lo general no contribuye en nada a su *solución*[4].

Llegamos a la conclusión de que, en lo que respecta a una intervención deliberada en los problemas interhumanos, el modo más pragmático de abordarla no estriba en la pregunta *¿por qué?*, sino en la de *¿qué?*, es decir: ¿qué es lo que aquí y ahora sirve para perpetuar el problema y qué se puede hacer aquí y ahora para efectuar un cambio? Desde este punto de vista, la diferencia más importante entre funcionamiento adecuado y disfunción es el grado en el que un sistema (un individuo, una familia, una sociedad, etc.) es capaz de generar cambio por sí mismo o bien ha quedado captado dentro de un juego sin fin. Ya hemos visto que en este último caso la solución intentada constituye el problema. También podemos darnos ahora cuenta de que la búsqueda de las causas en el pasado es precisamente una de estas «soluciones» que implican autoderrota. En psicoterapia, el mito de descubrir este *por qué*

---

4. Estos hallazgos empíricos no van en desacuerdo con consideraciones de orden general, si éstas son pensadas hasta sus conclusiones lógicas. Existen dos posibilidades: 1) La significación causal del pasado es tan sólo un mito fascinante, pero inexacto. En este caso, la única cuestión es la pragmática: ¿cómo puede producirse del modo más eficiente un cambio deseable del comportamiento presente?; 2) *Existe* efectivamente una importancia causal auténtica del pasado con respecto al comportamiento presente. Mas ya que los acontecimientos pasados no se pueden hacer cambiar, como es obvio, o bien nos vemos forzados a abandonar toda esperanza acerca de un posible cambio, o hemos de admitir que —al menos en algunos importantes aspectos— el pasado ejerce influencia sobre el presente tan sólo a través de la interpretación *presente* de las experiencias *pasadas*. Si así es, la significación del pasado no es cuestión de «verdad» y de «realidad», sino de considerarla aquí y ahora de un modo más bien que de otro. En consecuencia, no existe razón alguna que obligue a asignar al pasado una primacía o una causalidad en relación con el presente, y ello significa que la reinterpretación del pasado es sencillamente uno de los múltiples modos de poder influir sobre el comportamiento presente. En este caso, por tanto, volvemos a la única cuestión importante, es decir, a la cuestión pragmática: ¿cómo se puede producir del modo más eficaz un cambio, en el sentido deseable, del comportamiento presente?

como condición previa para el cambio es aquello que derrota su propio propósito. La búsqueda de causas —por el psicoterapeuta, por el paciente o bien por ambos— tan sólo puede conducir a más búsqueda, si el *insight* obtenido no es aún lo bastante profundo para dar lugar a un cambio a través del *insight*. Pero ni la niña pequeña, ni sus padres obtuvieron ni siquiera precisaron comprensión alguna del problema que les preocupó durante cierto tiempo. De modo similar, la remisión espontánea del agorafóbico tuvo lugar sin *insight* de su origen y de la significación del síntoma ni antes, ni durante, ni después del cambio, ni al parecer llegó dicho sujeto a una comprensión más profunda de las bases teóricas de la ayuda que fue luego capaz de extender a sus compañeros de sufrimiento.

Podemos formular ahora algunos ejemplos prácticos de cambio $_2$. Volvamos de nuevo al caso del sujeto con insomnio. Ya hemos mencionado cómo se convirtió en paciente a través de un enfoque erróneo de una dificultad corriente, y cómo dicho enfoque erróneo le situó en una paradoja autoimpuesta del tipo «¡sé espontáneo!». Muchos de estos pacientes pueden ser ayudados bastante rápidamente mediante alguna recomendación aparentemente absurda, paradójica, tal como la de acostarse, pero sin cerrar los ojos, hasta quedar profundamente dormidos. Está claro que una intervención de este tipo no afecta al origen del insomnio, pero efectúa un cambio en el *metanivel,* en el cual el paciente, con sus contraproducentes tentativas para resolver el problema, ha dado lugar a la paradoja del «¡sé espontáneo!» (que es perpetuada adicionalmente por la medicación y por toda clase de medidas de «sentido común»). A no ser que el sujeto insomne domine la autohipnosis (en cuyo caso no sería probablemente un insomne), o puede *no querer* quedarse dormido, al igual que resulta imposible *no* pensar deliberadamente en algo, y esta actividad mental impide paradójicamente el sueño. La finalidad de la intervención representada por el cambio $_2$ es por tanto la siguiente: ¿cómo puede ímpedírsele *querer* dormirse? y no la que sugeriría el sentido común: ¿cómo se le puede hacer dormir?

O consideremos el caso del fóbico que no puede entrar en unos grandes almacenes ampliamente iluminados y repletos de gente, por miedo a desmayarse o ahogarse. En un principio es posible que no haya experimentado más que una momentánea indisposición, una eventual hipoglucemia o un vértigo al entrar en un almacén. Pero cuando unos días después quiere volver a entrar en el mismo, recuerda el anterior incidente y probablemente se pone entonces en guardia, tenso, contra una posible repetición del pánico original, con lo que el pánico vuelve a surgir rápidamente. Se comprende que dicha persona se sienta entregada a fuerzas internas tan irresistibles que vea su única defensa en evitar por completo la situación, actitud apoyada probablemente por la toma regular de tranquilizantes. Pero el hecho de evitar la situación no solamente no soluciona nada, no sólo perpetúa aquellos estados contra los cuales se utiliza, sino que *es* en sí el problema, y así el sujeto queda encerrado en una paradoja. Se le puede ayudar imponiéndole una contra-paradoja, así por ejemplo diciéndole que entre en el almacén y que se desmaye a propósito, sin tener en cuenta si en dicho momento es o no preso de ansiedad. Mas ya que tendría que ser una especie de yogi para obrar de este modo, se le puede aconsejar en seguida que camine por el interior del almacén hasta el punto que quiera, pero que se detenga, sin más, un metro antes de aquel punto en que crea que su ansiedad va a dominarle de un modo incoercible[5]. En cualquier caso, la intervención se dirige contra la solución intentada y puede tener entonces lugar un cambio[6]. De modo similar y aun cuando nadie hasta ahora haya podido aportar una demostración de ello, se puede sospechar, con muchos visos de probabilidad, que la legalización del consumo de marihuana (cuyos

5. Diremos de paso que los pacientes no sólo aceptan estas prescripciones de comportamiento, absurdas y con frecuencia de apariencia disparatada, sino que a menudo las aceptan con una sonrisa, como si de algún modo hubiesen captado la índole esencialmente humorística, aunque al mismo tiempo profundamente seria de la paradoja.

6. Quizás parezca una comparación algo forzada, pero el comportamiento de evitación del fóbico es esencialmente análogo a la prohibición de la pornografía: en ambos casos se constituye un «problema» a partir de una dificultad y en ambos casos el «problema» desaparece junto con la supuesta «solución».

efectos nocivos no son seguros, pero que probablemente no son peores que los de otras drogas ampliamente usadas), no sólo puede disminuir su consumo, sino que eliminaría rápidamente las complejas y contraproducentes consecuencias de su supresión legal, que muchos expertos consideran como un remedio peor que la propia enfermedad.

El falaz fenómeno interpersonal de la confianza nos proporciona otro ejemplo de la técnica mediante la cual se puede aplicar el cambio $_2$. Así por ejemplo, la relación ideal entre un sujeto en libertad vigilada y el funcionario que se encarga de él ha de ser de confianza completa, ya que, también de un modo ideal, dicho funcionario se supone que está destinado a ayudar al individuo en libertad vigilada y para cumplir bien sus funciones ha de conocer exactamente la clase de vida que lleva su pupilo. Pero ambos saben muy bien que el funcionario representa al mismo tiempo a la autoridad del Estado y que por tanto no puede hacer sino comunicar inmediatamente cualquier violación por parte del pupilo de las condiciones de su libertad vigilada. Siendo así, lograría poco crédito por parte de su pupilo si le dijese «Tiene que confiar en mí». Es evidente que la confianza es algo espontáneo que no se puede obtener, ni producir, a voluntad y de un modo deliberado. Al entrenar a funcionarios encargados de libertades vigiladas en el uso de técnicas paradójicas para la resolución de problemas, hemos hallado muy útil que dichos funcionarios advirtiesen a sus pupilos lo siguiente: «No debería fiarse completamente de mí, ni contarme todo lo que haga.» El lector se dará rápidamente cuenta de la similaridad entre esta advertencia y la afirmación de Epiménides o la del sofista que entró en el reino para ser ahorcado, con excepción de que, en este caso, el resultado no es un regreso infinito de afirmación y negación, sino la solución pragmática de un estado de cosas que de otro modo sería desesperadamente paradójico. La afirmación del funcionario se convierte en fiable en la medida en que se declara a sí mismo como no fiable, estableciéndose así la base para una relación pragmáticamente útil.

Otra variación del tema de la confianza y del problema causado por el mal enfoque de una dificultad nos lo muestran las *Memorias* de Khrushchev (que quizás sean apócrifas), cuando éste describe la defección de la hija de Stalin. Tras criticar el hecho de que ella haya huido al Occidente, subraya otro aspecto del asunto:

> Svetlanka hizo algo estúpido, pero también fue tratada estúpidamente, demasiado estúpida y rudamente. Al parecer, tras los funerales de su esposo se dirigió a nuestra embajada en Nueva Delhi. Nuestro embajador era Benediktov. Yo le conozco. Es una persona muy rígida. Svetlanka le dijo que deseaba permanecer en la India durante unos pocos meses, pero Benediktov la advirtió que tenía que retornar inmediatamente a la Unión Soviética. Esto fue una estupidez por su parte. Cuando un embajador soviético recomienda a un ciudadano de la Unión Soviética que vuelva inmediatamente a casa, hace que dicha persona sospeche algo. Svetlanka estaba particularmente familiarizada con nuestros hábitos al respecto. Sabía que ello significaba que no se fiaban de ella.

Y Khrushchev muestra a continuación que sabe muy bien cómo tratar tales problemas de confianza, de un modo paradójico:

> ¿Qué pienso yo que se debería haber hecho? Estoy convencido de que si hubiese sido tratada de un modo diferente, jamás habría tenido lugar tan lamentable episodio. Cuando Svetlanka llegó a la embajada y dijo que quería permanecer en la India durante dos o tres meses, le deberían haber dicho: «Svetlanka Iosifovna ¿por qué tan sólo tres meses? Saque un visado para uno o dos años o incluso para tres años. Puede obtener el visado y vivir aquí. Luego, cuando quiera, puede volver a la Unión Soviética.» Si se le hubiese proporcionado libertad de elección, su moral se habría elevado. Le deberían haber demostrado que se fiaban de ella. (...) ¿Y si hubiésemos actuado de este modo que yo pienso y Svetlanka no hubiese regresado de la India? Pues bien, creo que ello habría sido muy malo, pero no peor de lo que sucedió (56).

Todos estos ejemplos poseen una estructura idéntica: va a tener lugar un acontecimiento *a,* pero *a* es indeseable. El sentido común sugiere que sea prevenido o evitado mediante lo recíproco o lo opuesto, es decir: no *a* (de acuerdo con la propiedad de grupo *d),* pero ello tan sólo daría lugar a una solución del tipo de un cambio $_1$. En tanto que la solución se busque dentro de esta dicotomía de *a* y de no *a*, aquel que busca la solución es víctima de una *ilusión de alternativas* (99), y ya elija una u otra alternativa, queda atrapado. Es precisamente esta ilusión, que no se pone en tela de juicio, de que se debe elegir entre *a* y no *a*, de que no hay otra vía de salida del dilema, lo que lo perpetúa e impide ver la solución, la cual se puede conseguir en todo momento, pero que contradice el sentido común. La fórmula del cambio $_2$, por otra parte, es no *a*, pero también no *no-a*. Se trata de un principio muy antiguo, que fue demostrado, por ejemplo, por el maestro de zen Tai-Hui, cuando mostró a sus monjes un bastón y les dijo: «Si llamáis a esto un bastón, afirmáis; si no le llamáis un bastón, negáis. Más allá de la afirmación y de la negación, ¿cómo lo llamaríais?»: un típico *koan* Zen, destinado a forzar a la mente fuera de la trampa de la aserción y la negación, y a producir aquel salto cuántico al nivel lógico inmediatamente superior, llamado *sátori*. Esto es también, probablemente, lo que quería decir San Lucas cuando escribió: «Pues aquel que quiera salvar su vida, la perderá, y aquel que la pierda, la salvará.» Desde el punto de vista filosófico, el mismo principio está en la base de la dialéctica hegeliana, con su insistencia sobre el proceso que se mueve desde la oscilación entre tesis y antítesis, a la síntesis que transciende esta dicotomía. El camino de salida del atrapamoscas, para volver al aforismo de Wittgenstein (108), pasa por la apertura menos obvia.

A un nivel poético encontramos un ejemplo particularmente claro en el cuento de Chaucer sobre la «Mujer de Bath»: un joven caballero se ve en apuros cada vez peores como resultado de tener que elegir constantemente entre dos alternativas inaceptables, hasta que finalmente elige no elegir, es decir, rechazar la *elección misma*. El caballero encuentra así el camino fuera del atrapamoscas y realiza un cambio $_2$, pasando al nivel lógico inmediatamente superior. En lugar de continuar eligiendo una alternativa (es decir: un miembro de la clase de alternativas) como el mal menor, pone en duda y rechaza la idea misma de que tiene que elegir, y rechaza así la clase entera *(todas* las alternativas) y no solamente a un miembro (95).

Esta es la esencia del cambio $_2$.

Lo más notable en cuanto a esta clase de solución del problema es que resulta posible incluso —o bien en especial— cuando los hechos concretos de la situación son inmutables. Para ilustrar esto último, hemos de volver ahora al cuarto principio de cambio $_2$ mencionado anteriormente, es decir, a la técnica de *reestructuración*.

VIII. EL DELICADO ARTE DE REESTRUCTURAR

> *Pregunta: ¿Cuál es la diferencia entre un optimista y un pesimista?*
>
> *Respuesta: El optimista afirma que una botella está medio llena; el pesimista afirma de la misma botella que está medio vacía.*
>
> ANÓNIMO
>
> *Life makes sense and who could doubt it, if we have no doubt about it.*
>
> PIET HEIN: Grooks

Es sábado por la tarde y todos los chicos están de vacaciones, excepto Tom Sawyer, que ha sido condenado a enjabelgar treinta yardas de valla de nueve pies de alto. La vida le parece vacía y la existencia una carga. No es solamente el trabajo aquello que encuentra intolerable, sino especialmente la idea de que todos los chicos que pasen se reirán de él por tener que trabajar. En este sombrío y desesperado momento, refiere Mark Twain, le ilumina una súbita inspiración. Nada menos que una grande y magnífica inspiración.

A los pocos instantes acierta a pasar por allí un chico, aquel ante el cual Tom teme más hacer el ridículo:

—Hola chico, con que trabajando ¿eh?

—¡Cómo! ¿Tú por aquí, Ben? No me había dado cuenta.

—Me voy a nadar. ¿No te gustaría venir? Pero ya veo que tienes que *trabajar*, ¿no te gustaría? ¡Apuesto a que te gustaría!

Tom contempló un momento al otro chico y le dijo:

—¿A qué llamas trabajar?

—¿Cómo? ¿Es que *eso* no es trabajo?

Tom reanudó su tarea de enjabelgar y contestó negligentemente:

—Bueno, puede que lo sea y puede que no lo sea. Todo lo que sé es que le gusta a Tom Sawyer.

—Vamos, ¿no querrás decir que te gusta esto?

La brocha continuaba moviéndose.

—¿Gustarme? Bueno, no sé por qué no habría de gustarme. ¿Es que un chico tiene ocasión de encalar una valla todos los días? *Esto lanzó nueva luz sobre el asunto.* Ben dejó de mordisquear su manzana. Tom hacía oscilar la brocha elegantemente de un lado a otro, dio un paso atrás para observar el efecto, agregó un toque aquí y allá, volvió a observar con ojo crítico el efecto obtenido. Ben observaba cada uno de sus movimientos y se mostraba cada vez más interesado, cada vez más absorto. De repente dijo:

—Oye, Tom, déjame blanquear un poco.

Hacia media tarde, la valla tiene tres capas de pintura y Tom está literalmente rebosante de riqueza: un chico tras otro ha repartido con él sus bienes por el privilegio de pintar parte de la valla. Tom ha tenido éxito *reestructurando* su ingrata faena y convirtiéndola en un placer por el cual hay que pagar y sus amigos, como un solo hombre, han seguido este cambio en cuanto a la definición de la realidad.

En la película *La kermesse héroïque,* las invencibles fuerzas españolas avanzan sobre un pequeño pero próspero pueblo flamenco. Un emisario español galopa hasta el pueblo y entrega a los burgueses reunidos una orden para que rindan el pueblo si no quieren que éste sea saqueado y destruido. Luego parte sin esperar respuesta. Los burgueses están aterrorizados, sabiendo que nada podrá detener al ejército invasor. Y sin embargo, no existe más que una solución razonable, defender su pueblo lo mejor que puedan antes que rendirlo a las fuerzas españolas y contemplar impotentes cómo sus mujeres son forzadas y saqueadas sus riquezas. Se hallan así encerrados en una típica ilusión de alternativas y no pueden considerar otra solución menos desastrosa.

Pero las mujeres proponen un plan completamente distinto, más bien «insensato» que reestructura completamente la situación: los hombres han de «huir» del pueblo, abandonando a las mujeres a su suerte; no habrá ni lucha, ni rendición, ya que no habrá hombres para hacer una cosa u otra. Tan sólo habrá un pueblo de indefensas mujeres que precisan de la protección de bravos soldados, situación que no puede por menos de conmover la proverbial galantería de los españoles.

Y de hecho, ante la calurosa acogida de las mujeres, la conducta de las «fuerzas conquistadoras» excede con mucho las modestas esperanzas de los burgueses; los españoles ofrecen a las mujeres protección y respeto, si bien combinados con numerosas aventuras galantes (que no desagradan del todo a las damas). Cuando tienen que continuar su avance hacia el norte, los españoles se muestran sentimentalmente pesarosos por tener que abandonar a sus encantadoras anfitrionas y hacen espléndidos donativos al pueblo en gratitud de tan deliciosa y civil hospitalidad.

Y he aquí un ejemplo tomado de nuestra labor psicoterápica. Por motivos que no vienen al caso, un sujeto que tartamudeaba acentuadamente no tenía más remedio que probar suerte como vendedor a domicilio. Se comprende que ello acentuó su preocupación por el defecto, que había padecido durante toda su vida. La situación le fue reestructurada del modo siguiente: los vendedores a domicilio son mirados generalmente con desagrado por su habilidoso y adulador modo de intentar convencer a la gente para que adquiera algo que no desea comprar. Desde luego, se entrena a los vendedores a domicilio para pronunciar un casi ininterrumpido discurso ponderando sus artículos, mas ¿no resulta enojoso estar expuesto a tan insistente y pesado aluvión de palabras? Por otra parte ¿no es cierto que la gente escucha con atención y paciencia a quien padece un defecto de dicción como él? ¿Será éste capaz de imaginar la increíble diferencia existente entre la charla apresurada, torrencial que emplean habitualmente los vendedores ambulantes y el modo como tendría que hablar él en la misma situación? ¿Se le había ocurrido pensar la insólita ventaja que podía suponer su defecto de palabra en su nuevo empleo? Cuando nuestro sujeto comenzó a considerar su problema desde este punto de vista totalmente nuevo y más bien ridículo a primera vista, fue especialmente instruido para mantener un elevado grado de tartamudeo, incluso cuando en el curso de su trabajo y por razones para él desconocidas, hubiese de sentirse algo más tranquilo y por tanto a tartamudear menos.

Así pues, reestructurar significa cambiar el propio marco conceptual o emocional, en el cual se experimenta una situación, y situarla dentro de otra estructura, que aborde los «hechos» correspondientes a la misma situación concreta igualmente bien o incluso mejor, cambiando así por completo el sentido de los mismos[1]. El mecanismo aquí implicado no destaca a primera vista, sobre todo si tenemos en cuenta que puede existir un cambio, mientras que la situación misma permanece asaz inmodificada e incluso inmodificable. Lo que cambia a resultas de la reestructuración es el sentido atribuido a la situación, y no los hechos concretos correspondientes a ésta. O bien, como lo expresó ya el filósofo Epicteto en el siglo I de nuestra era: «No son las cosas mismas las que nos inquietan, sino las opiniones que tenemos acerca de ellas»[2]. Las palabras *acerca de* en esta cita nos recuerdan el hecho de que cualquier opinión (o bien cualquier punto de vista, atribución de sentido, etc.) es *meta* con respecto al objeto de dicha opinión o punto de vista, y pertenece, por tanto, al nivel lógico inmediatamente superior. En términos de la teoría de los tipos lógicos, esto parece bastante obvio, pero aplicado consecuentemente al comportamiento humano y a los problemas humanos, este hecho abre una auténtica caja de Pandora por lo que se refiere al

1. La reestructuración desempeña un importante papel en el humor, con la diferencia de que aquí la segunda estructura, habitualmente introducida inesperadamente, es una *disrupción* que otorga a toda la historia un cariz divertido. Como ya hemos dicho, Koestler (59) ha escrito extensamente acerca de este tema. Un viejo chiste, que mencionaremos como ilustración de esta técnica, data de 1878, cuando Austria-Hungría ocupó Bosnia muy en contra de la voluntad de sus habitantes, los cuales comenzaron muy pronto a mostrar su descontento disparando contra los funcionarios del gobierno austriaco. La situación empeoró tanto que, de acuerdo con una versión humorística, se promulgó en Viena una ley draconiana, que rezaba del modo siguiente: Por disparar contra el ministro del Interior, dos años de trabajos forzados; por disparar contra el ministro de Asuntos Exteriores, 3 años de trabajos forzados; por disparar contra cl ministro de la Guerra, 4 años de trabajos forzados. *Contra el primer ministro no se ha de disparar en absoluto.*

2. O recuérdese a Shakespeare (*Hamlet* II, 2, 259): «Nada hay bueno ni malo, si el pensamiento no lo hace tal.»

concepto de «adaptación a la realidad», tan fácilmente utilizado como criterio de normalidad y por lo general jamás puesto en duda. ¿A qué realidad se halla adaptada la persona supuestamente sana? Intentar responder exhaustivamente a esta pregunta excedería con mucho el propósito del presente libro; ya que habríamos de entrar profundamente en problemas filosóficos y lingüísticos. Por lo tanto, no insistiremos en ello y nos limitaremos a afirmar que cuando se hace referencia al concepto de realidad, dentro del discurso psiquiátrico, raramente se trata de la realidad de una cosa *per se,* es decir, de sus propiedades básicas, si es que existen, o incluso de lo que es simplemente observable, si bien es éste el tema *manifiesto.* La «realidad» a la que se hace referencia corresponde más bien a las «opiniones» en el sentido de Epicteto o bien, como prefiramos, al significado[3] y al valor atribuido al fenómeno en cuestión. Es un lejano reflejo de la simplista pero muy difundida creencia según la cual existe una realidad objetiva, situada en algún sitio «fuera de aquí» y que las personas cuerdas son más conscientes de ella que los locos. Si se reflexiona sobre el tema, está claro que algo es real tan sólo en la medida en que se ajusta a una *definición* de la realidad, y tales definiciones constituyen legión[4]. Si utilizamos una definición extremadamente simplificada, pero útil: lo real es aquello que un número lo suficientemente amplio de personas ha acordado *designar* como real[5]. Este hecho es

---

3. Tal «significado» no es meramente una cuestión de entendimiento intelectual, objetivo, sino de la *significación personal completa* de la situación.

4. Desde luego, en modo alguno se limita esto a los humanos. «Un territorio, por ejemplo, no existe como tal en la naturaleza», escribe Ardrey, «sino en la mente del animal» (7).

5. Así por ejemplo, la realidad de un billete de banco no reside primordialmente en el hecho de que se trata de un trozo rectangular de papel mercado de cierto modo, sino en el convenio interpersonal de que posee un determinado valor. Bateson (21) menciona un curioso ejemplo, relativo a los habitantes de una cierta zona costera de Nueva Guinea que utilizan dinero representado por conchas para sus compras menudas y cotidianas, pero que para las grandes transacciones emplean grandes piedras, talladas en forma de rueda de molino. Un día, una de estas piedras que era transportada de un pueblo a otro a través del estuario de un río, se hundió para

habitualmente olvidado y la mencionada definición resulta reificada (es decir: convertida en una «cosa» propiamente dicha) siendo eventualmente experimentada como la realidad objetiva[6], que al parecer tan sólo puede dejar de ver quien no está en sus cabales. Admitimos, desde luego, que existen grados de reificación: existen múltiples situaciones que muchas personas consideran realmente peligrosas y que por tanto han de evitarse, pero incluso en estos casos extremos hallamos excepciones; después de todo existen personas que buscan deliberadamente su muerte o que *desean* ser devoradas por los leones o que son patentemente masoquistas, y tales gentes definen la realidad de modos muy idiosincrásicos, pero para ellas reales.

La reestructuración opera en el nivel de la *meta*realidad, en el cual, como hemos intentado señalar, puede tener lugar un cambio incluso si las circunstancias objetivas de una situación están más allá del poder humano. La teoría de los tipos lógicos nos permite nuevamente concebir esto de modo más riguroso: como hemos visto, las clases son colecciones exhaustivas de entidades (los miembros) que poseen características comunes a todos ellos. Pero el hecho de ser miembro de una

siempre en el fondo de éste al naufragar la canoa que la transportaba, debido a la intensa corriente. Puesto que el incidente era conocido por todos los interesados, la piedra continuó siendo usada como moneda legal en multitud de subsiguientes transacciones, si bien, estrictamente hablando, su realidad ya existía tan sólo en las mentes de un gran grupo de personas.

6. Este proceso de «crear» primeramente una realidad y «olvidar» luego que se trata de una creación nuestra, experimentándola como totalmente independiente de nosotros, era ya conocida por Kant y Schopenhauer. «Éste es el sentido de la magna doctrina de Kant», escribe Schopenhauer en *Sobre la voluntad en la naturaleza,* «el de que la teleología [el estudio de evidencias de proyectos y propósitos en la naturaleza] es puesta en la naturaleza tan sólo por el intelecto, que se asombra así de un milagro que ha sido creado, en primer lugar, por él mismo. Si se me permite explicar una cuestión tan sublime mediante un símil trivial, es lo mismo que si el intelecto quedase asombrado al darse cuenta de que cuando se suman todas las cifras aisladas de un múltiplo de 9, dan también 9 o un múltiplo de 9; y sin embargo ha sido él mismo el que preparó tal milagro en el sistema decimal» (84).

determinada clase raramente constituye algo exclusivo. Una misma entidad puede ser habitualmente concebida como miembro de diferentes clases. Ya que las clases no son, en sí, objetos tangibles, sino que se trata de conceptos y por tanto de constructos de nuestras mentes, la asignación de un objeto a una determinada clase es algo aprendido o bien es producto de una elección y no se trata en modo alguno de una verdad última e inmutable. La verdad, como hizo constar Saint-Exupéry, no es aquello que descubrimos, sino lo que creamos. Un cubo de madera, de color rojo, puede ser considerado como miembro de la clase de todos los objetos rojos, o de la clase de los cubos, o de la clase de los objetos de madera, o de la clase de los juguetes infantiles, etc [7]. Por otra parte y en el sentido de Epicteto, la pertenencia de un objeto, como miembro, a otras clases está determinada por las «opiniones» que tenemos de él, es decir, del sentido y del valor que le hemos atribuido. Cuál de las posibles atribuciones a una clase se considere, examine, prefiera, tema, etc., es en gran medida el resultado de una elección y de las circunstancias, pero una vez se atribuye a algo un significado o un valor especiales, resulta muy difícil considerar a dicho algo como miembro perteneciente también a otra clase, igualmente válida. Así por ejemplo, la mayor parte de las personas rechazan la carne de caballo, pero a algunas

---

7. A.J. Premack y D. Premack han presentado una prueba experimental muy interesante de la hipótesis, que resulta intuitivamente plausible, según la cual los animales ordenan también su mundo en miembros y clases y son en consecuencia capaces de distinguir entre ambos. Su chimpancé Sarah mostraba tal capacidad en grado notable:

...Se enseñó al chimpancé a clasificar dibujos en clases: animados e inanimados, viejos y jóvenes, masculinos y femeninos. Además, el animal puede clasificar la misma imagen de distintos modos, en relación con las alternativas ofrecidas. Una sandía es clasificada como fruta en un conjunto de alternativa, como alimento en otro conjunto y como grande en un tercero. A base de estas capacidades conceptuales comprobadas podemos establecer la hipótesis de que el chimpancé puede aprender no sólo los nombres de los miembros específicos de una clase, sino también los nombres de las clases mismas (79).

Ulteriores experimentos han demostrado lo correcto de esta hipótesis.

les gusta. Se trata en cualquier caso de lo mismo, de carne de caballo, pero su significado y valor, su calidad como miembro de una clase, son muy distintos para los dos tipos de personas. Tan sólo a resultas de circunstancias drásticamente cambiadas (guerra, hambre, etc.) puede cambiar la carne de caballo su metarrealidad y convertirse en un manjar, incluso para aquellos que en circunstancias normales se estremecen ante el solo pensamiento de comerla.

El lector que haya tenido la paciencia de seguirnos a través de estas consideraciones más bien tediosas, se habrá dado ahora cuenta de la importancia de éstas con respecto a la reestructuración como técnica para realizar el cambio $_2$: en su sentido más abstracto, la reestructuración supone desplazar el énfasis de la pertenencia de un objeto[8] a una clase, a la pertenencia igualmente válida a otra, o bien, especialmente, introducir la idea de tal pertenencia a una nueva clase en la conceptualización de todos los interesados. Si aquí nos resistimos nuevamente a la tradicional tentación de preguntar *por qué* ha de ser así, podemos apreciar *qué* es lo que se halla implicado en la reestructuración:

1) Nuestra experiencia del mundo se basa en la categorización de los objetos de nuestra percepción en clases. En estas clases se trata de constructos mentales y por tanto de un aspecto de la realidad totalmente diferente de los objetos mismos. Las clases se forman, no solamente en base a las propiedades físicas de los objetos, sino en especial de su grado de significación y de valor para nosotros.

2) Una vez que un objeto ha sido conceptualizado como miembro de una clase determinada, resulta extremadamente difícil considerarlo también como perteneciente a otra clase. El hecho de pertenecer a una clase, por parte de un objeto, se designa como su «realidad»; así, cualquiera que lo considere como miembro de otra clase debe estar loco o mostrar mala voluntad. Además de esta creencia tan simplista se deriva otra igualmente simplista, la de obstinarse en que esta consideración de

---

8. El término de *objeto* puede no ser el más ajustado y ha de admitirse en su connotación más amplia. Incluye acontecimientos, situaciones, relaciones entre personas, así como entre personas y objetos, patrones de comportamiento, etc.

la realidad no solamente es cuerda, sino asimismo honesta, auténtica y cuanto se quiera. «No estoy para juegos», es lo que replican aquellas personas que juegan a no jugar un juego cuando se enfrentan con la posibilidad de considerar la alternativa de la pertenencia de un miembro a otra clase.

3) Lo que hace que la reestructuración sea un instrumento tan eficaz de cambio es el hecho de que, una vez que percibimos la pertenencia alternativa de un miembro a otra clase, no podemos volver tan fácilmente a la trampa y la angustia representadas por el previo punto de vista acerca de su «realidad». Una vez que nos ha explicado alguien la solución del problema de los nueve puntos, resulta imposible que retornemos a nuestra anterior ignorancia y sobre todo a nuestra anterior desesperanza acerca de una posibilidad de solución.

Parece ser que el primero que llamó la atención sobre esto —si bien dentro de un contexto referido a los juegos y a la percepción de reglas— fue también Wittgenstein. En sus *Observaciones acerca de los fundamentos de las Matemáticas* escribe lo siguiente:

> «Supongamos... que el juego es tal que cualquiera que lo comienza puede ganar siempre mediante un determinado y sencillo truco. Pero nadie se ha dado aún cuenta de ello y por tanto el juego continúa siendo un juego. Si ahora hay alguien que llama la atención sobre dicho truco, el juego deja de serlo.
>
> ¿Cómo he de considerar esto, para aclarármelo a mí mismo? — Ya que afirmo que «el juego deja de serlo», y no «y ahora vemos que no se trataba de un juego».
>
> Ello significa que el otro no nos *llamó la atención* hacia algo, sino que nos enseñó un juego diferente, en lugar del nuestro. Pero ¿cómo puede el nuevo juego dejar *obsoleto* al juego anterior? Ahora vemos algo diferente y no podemos ya continuar jugando ingenuamente.
>
> Por una parte, el juego consistía en nuestras acciones (nuestro juego) en el tablero, y estas acciones las podría continuar realizando ahora igual que antes. Pero por otra parte era esencial para el juego que intentase ciegamente ganar, y ahora no puedo ya obrar de este modo» (104).

No es de sorprender que conclusiones muy similares surjan eventualmente en la teoría matemática de los juegos, ya que el saber acerca de las reglas, como acabamos de ver, desempeña un papel decisivo en el resultado de un juego. Partiendo de premisas similares, Howard ha presentado un modelo basado en la teoría de los juegos relativo a lo que él designa como «axioma existencialista» (46) mostrando que

> «si una persona llega a "conocer" una teoría sobre su comportamiento, ya no sigue obligado por ella, sino que es libre para desobedecerla» (47), y así:

> «... un sujeto que adopta conscientemente decisiones puede siempre elegir desobedecer a cualquier teoría que prediga su comportamiento. Podemos afirmar que puede siempre transcender tal teoría. Se trata ciertamente de un punto de vista realista. Querernos señalar que entre las teorías socioeconómicas la teoría marxista, por ejemplo, falló al menos parcialmente porque ciertos miembros de la clase dominante, al darse cuenta de ella, comprendieron que estaba en su propio interés desobedecerla» (48).

Ashby, refiriéndose al mismo tema en su *Introducción a la Cibernética* escribe lo siguiente:

> «Si el lector siente que estos estudios son algo abstractos y desprovistos de aplicaciones, ha de reflexionar sobre el hecho de que las teorías de los juegos y la cibernética constituyen sencillamente los fundamentos de la teoría de "cómo salirse con la suya". Pocos temas pueden ser más ricos en aplicaciones que éste» (14).

Hasta aquí nos hemos referido al fondo teórico de la restructuración, pasemos ahora a algunos ejemplos prácticos:

> «Un día de mucho viento, un sujeto se precipitó sobre mí al volver la esquina de un edificio y chocó fuertemente conmigo cuando yo estaba pugnando contra el viento. Antes de que pudiese recuperar su equilibrio para hablarme, yo miré despacio mi reloj y cortésmente, como si me hubiese preguntado la hora, le dije: « Son exactamente las dos y diez» aun cuando eran entonces cerca de las cuatro de la tarde,

y me marché. Media manzana más allá me volví, viendo cómo continuaba mirándome, asombrado y confuso por lo que le dije» (4).

Así describe Erickson el suceso que le condujo a desarrollar un insólito método de inducción hipnótica que designó más adelante como «técnica de la confusión». ¿Qué es lo que había ocurrido? Al chocar ambos, se había producido un contexto en el que la reacción obligada más obvia habría sido el disculparse mutuamente. La respuesta dada por el doctor Erickson determina de modo súbito e inesperado el mismo contexto de una manera muy distinta, es decir, de un modo que habría sido socialmente apropiado si el otro hubiese preguntado la hora, pero incluso así habría extrañado, debido a la patente falta de exactitud de la información, en contraste con el modo cortés y solícito como se daba la respuesta. El resultado fue una confusión, no paliada por cualquier información subsiguiente que reorganizase las piezas del rompecabezas para formar un nuevo cuadro de referencia que resultara inteligible. Como señala Erickson, la necesidad de superar la confusión, dando con otro cuadro de referencia, hace que el sujeto esté particularmente dispuesto y deseoso de echar mano a la primera información concreta que se le proporcione. La confusión inicial, al preparar así el terreno para una reestructuración, se convierte entonces en una etapa importante en el proceso de llevar a cabo el cambio ₂ y de enseñar así «a la mosca el camino que conduce fuera del atrapamoscas».

Puede afirmarse, en general, que tal reestructuración es implícita en toda labor hipnótica llevada a cabo con éxito; en efecto, la capacidad para reestructurar cuanto un sujeto hace (o no hace), como demostración de que el trance hipnótico se está profundizando, es lo que distingue a un buen hipnotizador. Por ejemplo, el poder inducir una levitación de la mano indica claramente que el sujeto está entrando en trance. Pero si la mano no se mueve y permanece inerte, ello puede ser reestructurado en el sentido de que el sujeto está ya tan profundamente relajado como para entrar en niveles más profundos de la hipnosis. Si una mano levitada comienza de nuevo a descender, este movimiento puede ser reestructurado como demostración de que la relajación está aumentando y de que en el momento en que la mano vuelva a posarse de nuevo sobre el brazo del sillón, el trance hipnótico será doblemente más profundo que anteriormente. Si por cualquier razón un sujeto amenaza interrumpir la inducción por reírse, se le puede cumplimentar por el hecho de que incluso en un trance hipnótico no pierda su sentido del humor; si el sujeto afirma que no estaba en trance, esto puede ser reestructurado diciendo que se trata de una prueba de que en la hipnosis no puede suceder nada en contra de la voluntad del sujeto. Así pues, cada una de estas múltiples intervenciones posibles se halla al servicio de preparar, inducir o reforzar la relajación hipnótica.

Mas como hemos mostrado en las páginas precedentes, la reestructuración no precisa tener nada que ver con la hipnosis. Erickson (29) se vio enfrentado en cierta ocasión con una de esas situaciones interpersonales, al parecer sin salida, en la que cada uno de ambos participantes exige que sea el otro quien tenga que ceder. En el caso de esta pareja, ambos cónyuges se enzarzaban invariablemente en una discusión cuando se preparaban a volver a casa en su coche tras una reunión social. Ambos reclamaban el derecho de conducir el coche y ambos alegaban que el otro había tomado demasiado alcohol como para conducir. Ninguno de los dos estaba dispuesto a dejarse «derrotar» por el otro. Erickson sugirió que uno de ellos condujese hasta una manzana de su casa y que luego ocupase el otro el volante hasta la casa. Con este arreglo aparentemente pueril, se resolvió el problema.

En el capítulo VI hemos hecho ya mención de la frigidez y de la paradoja representada por la orden de «¡sé espontáneo!», habitualmente introducida en la situación por ambos participantes. En tanto el problema sea considerado como un síntoma fisiológico y/o emocional, esta misma base conceptual impide la solución. El síntoma constituye entonces algo que no hay modo de controlar, o bien algo que hay que superar mediante un esfuerzo de voluntad, y el empleo de la fuerza de voluntad conduce entonces a una intensificación del problema. Una reestructuración llevada a cabo con éxito deberá extraer el problema de su definición de «síntoma», transfiriéndolo a otra que no implique la imposibilidad de modificación. Desde luego, no ha de tratarse de otra definición cualquiera, sino de una que vaya de acuerdo con el modo de pensar y de considerar la realidad por parte del sujeto. Así por ejemplo, dudamos que pueda lograrse ningún efecto terapéutico mediante la tradicional definición de la frigidez como la cúspide de iceberg de la hostilidad femenina contra el varón. Esto sirve tan sólo para sustituir alguna clase de alteración mental (por ejemplo, un trastorno emocional) por una forma de hostilidad, y tan sólo puede servir para dar lugar a sentimientos de culpa y para agravar la situación conflictiva entre los cónyuges. Sobre todo, si la hostilidad está de hecho implicada, puede ser utilizada para reestructurar el problema presentándolo como producido por la hiperprotección de la mujer con respecto al varón: ¿es que ella tiene quizás miedo de que él no sepa cómo enfrentarse con el impacto de su sexualidad desinhibida? ¿Está ella segura de que él no experimentará un shock? ¿Qué sucedería si él se convirtiese en impotente? Dadas todas estas incertidumbres ¿no es mucho mejor para ella proteger su *ego* y hacerle creer al cónyuge que es ella misma y no él quien tiene un problema sexual? Si esta reestructuración del problema es presentada ante ambos esposos, el terapeuta puede dirigirse luego al marido y afirmar que, por otra parte, no parece ser él la clase de hombre que necesite forzosamente de tal protección. Ya que (suponiendo siempre que ella sienta hostilidad) proteger al marido a expensas suyas es la última cosa que la mujer estaría dispuesta a hacer, esta reestructuración del problema utiliza su hostilidad como un incentivo para demostrar a su marido (y al psicoterapeuta) que ella no tiene intención de protegerle y de asumir el papel de paciente. Al mismo tiempo provoca la virilidad del marido y le induce a sostener que no precisa de la protección de la mujer y que le agradaría que ella renunciara a su inhibición.

Una modalidad similar de reestructuración puede utilizarse con respecto al frecuente conflicto entre una esposa regañona y un esposo que se retrae en actitud pasivo-agresiva. El comportamiento de ella puede definirse como siendo, por una parte, perfectamente comprensible ante el silencio punitivo de su marido, pero por otra posee el inconveniente de hacerle aparecer a él como demasiado bueno para cualquier observador exterior. Ello es debido a que éste comparará ingenuamente el comportamiento de él con el de ella y verá solamente la tranquila y amable paciencia de él, su indulgencia, el hecho de que parezca actuar tan normalmente a pesar de la sumamente tensa situación que tiene que soportar de nuevo todas las noches en su hogar, etc. Es precisamente la necedad de esta reestructuración del comportamiento de la mujer lo que dará lugar a que ella cese de «realzarle» a los ojos de los demás, a expensas suyas; pero en el momento en que ella cese en este comportamiento él se retraerá menos y nada es más convincente, en último término, que el éxito.

Estos ejemplos están encaminados a demostrar que una acertada reestructuración situacional precisa tomar en cuenta los puntos de vista, las expectativas, los motivos y las premisas, es decir, toda la trama conceptual, de aquellos cuyos problemas han de ser modificados. *Tomar lo que el paciente nos aporta,* es una de las reglas básicas de Erickson para la solución de problemas interhumanos. Se halla en acentuado contraste con las enseñanzas de la mayoría de las escuelas psicoterápicas, las cuales, o bien tienden a aplicar mecánicamente un mismo procedimiento a los pacientes más diversos, o bien consideran necesario enseñarle al paciente un nuevo lenguaje, hacerle comenzar a pensar en términos de este nuevo lenguaje, e intentar luego llevar a cabo un cambio mediante comunicaciones en dicho lenguaje. En contraste con esto, la reestructuración presupone que el psicoterapeuta aprenda el lenguaje *del paciente,* lo cual puede ser realizado mucho más fácil y económicamente que viceversa. En este modo de aproximación, son las auténticas resistencias al cambio las que pueden ser utilizadas para lograrlo. Esta forma de resolver problemas es similar, en más de un aspecto, a la filosofía y a la técnica del judo, en el que el ataque del adversario no es contrarrestado con una fuerza por lo menos igual, sino que más bien es aceptado y amplificado, cediéndose al mismo y adaptándose a él. Esto no lo espera el adversario, quien está desarrollando un juego de fuerza contra fuerza, es decir, de «más de lo mismo», y con arreglo a las normas de su juego anticipa un contraataque y no un modo diferente de jugar. La reestructuración, para utilizar una vez mas las palabras de Wittgenstein, no *llama la atención* hacia nada, no da lugar a introspección comprensiva, sino que *enseña un juego diferente,* haciendo así *obsoleto* el anterior. El otro «ve ahora algo diferente y no puede ya continuar jugando ingenuamente».

Así por ejemplo, el pesimista está habitualmente enzarzado en un «juego» interpersonal en el que procura primeramente sonsacar a los demás sus puntos de vista optimistas, y en cuanto lo ha logrado hace contrastar dicho optimismo con su acentuado pesimismo, pudiendo entonces los demás insistir en «más de lo mismo», es decir, en su optimismo, o bien eventualmente ceder al pesimismo del otro, en cuyo caso el pesimista ha «ganado» otro *round* si bien en detrimento propio. Este patrón de comportamiento cambia drásticamente en el momento en que otra persona se muestra más pesimista que el propio pesimista. Su interacción, entonces, no es ya un caso de *plus ça change, plus c'est la même chose,* ya que un miembro del grupo (pesimismo) no se combina con su recíproco o contrario (optimismo), manteniendo así la invariabilidad del grupo a base de la propiedad *d* de grupo, sino que se produce un cambio $_2$ mediante la introducción de una «regla de combinación» completamente nueva. Para llevar esto a cabo se utiliza el propio «lenguaje» del pesimista, es decir, su pesimismo.

Desde luego, todo esto no queda limitado exclusivamente a la psicoterapia; los solucionadores de problemas, dotados de imaginación, y los negociadores hábiles han utilizado siempre estas técnicas. Así por ejemplo, ya en 1597 escribía Francis Bacon en su ensayo *De la negociación:*

> «Si queréis manejar a un hombre, habéis de conocer primeramente su naturaleza o sus modos, para así manipularlo; o sus fines, y así persuadirle; o su debilidad y desventajas, para amedrentarle; o bien a aquellos que tienen influencia sobre él, para así gobernarle. Al enfrentarnos con personas arteras, hemos de considerar asimismo sus finalidades, para interpretar sus discursos, siendo preferible decirles lo menos posible y aquello que menos esperan.»

Uno de los más destacados negociadores de la historia moderna fue indudablemente Talleyrand. Lo que realizó en 1814-1815 en Viena para sacar a Francia de una situación comparable tan sólo a la de Alemania en 1918 —un agresor derrotado, odiado por el resto de Europa, que iba a ser castigado, que iba a ver mermado su territorio y al cual se le iban a exigir pesadas reparaciones— se ha convertido en legendario. Gracias a Talleyrand, Francia resultó ser el auténtico vencedor en el Congreso de Viena, su territorio quedó intacto, su poder y su papel en el continente fueron restaurados, y todo ello sin que se impusiesen sanciones y reparaciones. Desde la iniciación del Congreso fue ésta la finalidad de Talleyrand. Luego aplicó esta finalidad a diversos temas y utilizó aquello que iba más de acuerdo con el modo de pensar y los puntos de vista de un determinado interlocutor. No es preciso decir que tanto sus contemporáneos, como los historiadores, han formulado la típica pregunta: ¿creía lo que decía, o era quizás insincero? No lo sabemos, pero existe una carta que escribió a Madame de Staël desde Viena y que concluye con las palabras siguientes: «Adiós: no sé lo que realizaremos aquí, pero puedo prometerla un noble lenguaje.»

Mejor que intentar la tarea imposiblemente compleja de mostrar su habilidad única para cambiar las mentes de sus opositores en el Congreso de Viena, ofreceremos como típico ejemplo la descripción realizada por Brinton de cómo aplicó su consumado arte de reestructuración para salvar el puente de Jena en París:

«Los ejércitos aliados habían ocupado París después de Waterloo. El prusiano Blücher quería volar dicho puente, ya que conmemoraba una batalla que los invencibles prusianos, en algún modo, habían perdido. Wellington, que había recibido una mejor educación en los campos de cricket de Eton, dio los primeros pasos para impedir que Blücher volase el puente. Talleyrand, que quizás le había conocido siempre mejor, fue capaz de convencerle por completo con el mero expediente de rebautizar al puente como *pont de l'École militaire*. Como él mismo hace constar, fue una denominación que satisfizo la salvaje vanidad de los prusianos, y que, con un juego de palabras, constituye quizás una alusión más punzante aún que el nombre original de «puente de Jena». El incidente, en sí insignificante, resulta lo bastante significativo en la vida de Talleyrand y en un mundo que persiste en dar un mentís a aquellas almas confiadas que creen que los hombres no discuten realmente acerca de palabras. Un sujeto más profundo que

Talleyrand podría haberse dirigido a Blücher para pedirle que perdonase a sus enemigos, señalándole que el hecho de volar el puente no habría ido de acuerdo con el sermón de la montaña, que la existencia de un puente de Jena no suponía una injuria para Prusia, y unas cuantas objeciones más, basadas en la religión y en el sentido común. Pero, ¿habría sido dicha persona capaz de reconstruir el puente que Blücher ciertamente habría volado?» (26).

Más de cien años después, el rey Christian X de Dinamarca se vio en una situación análoga, cuando los alemanes decidieron aplicar la «solución final» a los judíos daneses, que hasta entonces habían permanecido relativamente seguros. En sus conversaciones con el rey, el emisario especial nazi para cuestiones judías manifestó su deseo de conocer cómo el rey intentaba resolver el problema judío en Dinamarca. Se dice que el rey le respondió con un frío candor: «No tenemos un problema judío: no *nos* sentimos inferiores.» No cabe duda de que se trata de un buen ejemplo de reestructuración. El que fuese una respuesta diplomática capaz de lograr éxito, se trata ya de una cuestión distinta. Pero cuando algún tiempo después los alemanes promulgaron una orden según la cual todos los judíos tenían que llevar un brazalete amarillo con la estrella de David, el rey reestructuró esto con éxito anunciando que no existían diferencias entre un danés y otro, y que por tanto el decreto nazi era aplicable a todos los daneses, queriendo ser él el primero en llevar el brazalete con la estrella de David. La población siguió en masa el ejemplo del rey y los alemanes se vieron obligados a cancelar su orden.

Una modalidad algo distinta de reestructuración, más afín a la «técnica de confusión», fue utilizada por el presidente Kennedy cuando llegó a su grado máximo la crisis cubana. El viernes, 26 de octubre de 1962, Aleksandr Fomin, un miembro principal de la embajada soviética en Washington, se puso en contacto con John Scali, del Departamento de Estado, para una misión semioficial, claramente exploratoria. Deseaba saber con la máxima urgencia si los Estados Unidos se mostrarían favorables a una solución de la crisis, basada en una retirada, supervisada, de los misiles instalados en Cuba, comprometiéndose los soviéticos a no reinstalar misiles en la isla y los Estados Unidos a no invadir Cuba. Esta proposición fue considerada como aceptable y pocas horas después, durante la misma tarde y a través del mismo conducto, la embajada soviética fue informada de acuerdo con la decisión americana. El sábado por la mañana, sin embargo, llegaron noticias oficiales de Moscú, indicando claramente que los Soviets habían cambiado de actitud y solicitaban ahora que la retirada de sus misiles debía ir acompañada paralelamente de un desmantelamiento de las bases norteamericanas de cohetes situadas en Turquía. Tal como lo describe Husman en su libro *To Move a Nation*, Washington apeló entonces a lo que podríamos designar como una aplicación de la «técnica de la confusión»:

«Fue Robert Kennedy el que concibió una brillante maniobra diplomática, designada más tarde como el *Trollope Play*, de acuerdo con una escena reiterada en las novelas de Anthony Trollope, en la que una muchacha interpreta un apretón de mano como una propuesta de matrimonio. Sugirió que se tuviese tan sólo en cuenta el mensaje del viernes (el cable de Khrushchev y el contacto a través de Scali), como si el conflictivo mensaje del sábado, en el que se ponían en relación los misiles de Cuba con las bases americanas en Turquía, sencillamente no existiese. Dicho mensaje, en efecto, había sido ya rechazado en un comunicado público. Lo que había que hacer ahora era responder a las propuestas soviéticas del viernes y difundir públicamente la respuesta, lo cual ejercería una cierta presión política y aumentaría la rapidez de la solución» (45).

Como se sabe mundialmente, los Soviets aceptaron y no intentaron deshacer tal confusión, deliberadamente creada[9].

9. A pesar de que Khrushchev trata detalladamente en sus memorias acerca de la situación cubana, no menciona la petición de retirada de las bases de misiles americanas de Turquía. Por lo que se refiere a la fase de la crisis que hemos mencionado, no dice nada sobre los contactos entre Fomin y Scali (lo cual no es de sorprender, dada su índole no oficial), menciona a Robert Kennedy como solicitando casi en lágrimas a Anatoly Dobrynin (el embajador soviético) una rápida solución, ya que el presidente temía una intentona de los militares americanos, y concluye: «Nos dimos

Y por último, volviendo de los conflictos internacionales a los interpersonales, he aquí otro ejemplo del uso de la confusión puesto al servicio de la reestructuración. Un policía con una habilidad especial para resolver situaciones difíciles de modos poco habituales, utilizando con frecuencia un sentido del humor desarmante, se hallaba imponiendo una multa por una infracción del tráfico, de poca monta, cuando comenzó a juntarse en torno suyo una muchedumbre hostil. En el momento de entregar al infractor la notificación de la multa, la hostilidad de la multitud iba en aumento y el sargento no estaba muy seguro de poder llegar sano y salvo a su coche. Se le ocurrió entonces anunciar en alta voz: «Acaban ustedes de ser testigos de la imposición de una multa por un miembro del departamento de policía de Oakland.» Mientras que los circunstantes buscaban perplejos el sentido profundo de una comunicación tan obvia, subió rápidamente a su coche y partió. El lector advertirá que en este caso el efecto de reestructuración se llevó a cabo a través de un comunicado excesivamente obvio y por ende creador de confusión, disipando así el ambiente hostil creado en la multitud. Este ejemplo se sitúa así, en cierto modo, entre la afirmación del doctor Erickson «Son exactamente las dos y diez» y el episodio del oficial francés que logró despejar la plaza de la ciudad reestructurando la situación con suma cortesía. Resolvió el problema sin disparar un solo tiro, presentando a la multitud una *nueva* definición de las mismas circunstancias e induciéndola así a considerar la situación dentro de esta nueva estructura, actuando de acuerdo con ello.

cuenta que había que reorientar rápidamente nuestra postura: "Camaradas", dije, "tenemos que buscar una salida digna de este conflicto. Al mismo tiempo, desde luego, debemos asegurar que no comprometemos a Cuba." Remitimos a los americanos una nota diciendo que estábamos de acuerdo en retirar nuestros misiles y bombarderos con la condición de que el presidente nos diese seguridades de que no habría invasión de Cuba por las fuerzas de los Estados Unidos, ni por cualesquiera otras. Finalmente, Kennedy cedió y se mostró de acuerdo con damos tales seguridades» (57). El hecho de que Khrushchev haga aparecer así la crisis como provocada por los norteamericanos y resuelta por su superior capacidad como hombre de Estado constituye en sí una brillante reestructuración.

IX. LA PRÁCTICA DEL CAMBIO

La mente no creadora puede detectar malas respuestas, pero es necesaria una mente creadora para descubrir malas preguntas.

ANTHONY JAY, Management and Machiavelli

En las páginas precedentes hemos señalado principios acerca de la formación y de la solución de problemas. Nos queda ahora por mostrar cómo pueden ser mejor aplicados dichos principios al tratamiento práctico de los problemas humanos. En el presente capítulo nos referiremos sobre todo a nuestra labor en el Centro de Psicoterapia Breve; mas aun cuando ello acentúe claramente los aspectos psicoterápicos de nuestro material, el lector advertirá que la mayor parte de cuanto afirmamos es igualmente aplicable a contextos no clínicos y no psicoterápicos. En efecto, desde nuestro punto de vista la labor clínica constituye tan sólo un caso especial del campo, mucho más amplio, de la resolución de problemas.

Abordar un problema teniendo en cuenta los principios antes mencionados, conduce a la formulación y aplicación de un procedimiento en cuatro etapas. Dichas etapas son las siguientes:

1. una clara definición del problema en términos concretos;
2. una investigación de las soluciones hasta ahora intentadas;
3. una clara definición del cambio concreto a realizar;
4. la formulación y puesta en marcha de un plan para producir dicho cambio[1].

---

1. Tan sólo estando muy avanzado nuestro trabajo nos dimos cuenta que, al sistematizar de este modo nuestro procedimiento, estábamos plagiando las cuatro Nobles Verdades del budismo, a saber: del dolor, del origen del dolor, de la cesación del dolor, y de la vía que conduce a la cesación del dolor. Ello no resulta tan sorprendente si se reflexiona sobre ello, ya que las enseñanzas del budismo son eminentemente prácticas y existenciales.

Por lo que se refiere a la *primera etapa,* es obvio que a fin de poderse resolver, un problema ha de ser ante todo un problema. Lo que queremos decir con esto es que la traducción a términos concretos de un problema vagamente formulado permite la distinción crucial entre problemas y pseudoproblemas. En este último caso, la elucidación no da lugar a una solución, sino a una disolución de las correspondientes quejas. Esto, desde luego, no excluye que queden dificultades para la cual no exista remedio conocido y que se hayan de conllevar. Así por ejemplo, nadie en sus cabales intentaría encontrar una solución a la muerte de un ser amado o al pánico producido por un terremoto, con excepción quizás de ciertas casas de productos farmacéuticos, las cuales, al anunciarlos formulan la utópica afirmación de que *toda* manifestación de malestar emocional es patológica y, por ende, puede (y debe) ser combatida mediante fármacos (71). Por otra parte, si una queja no está basada en un pseudoproblema, la realización de la primera etapa revelará el problema en términos tan concretos como sea posible y ello constituye una lógica condición previa en la búsqueda de su solución.

Poco más necesitamos decir acerca de la *segunda etapa.* A través de los precedentes capítulos hemos estudiado cómo se crean los problemas y cómo son mantenidos mediante tentativas erróneas para resolver una dificultad. Una cuidadosa exploración de estas tentativas de solución no sólo muestra qué clase de cambio *no* ha de ser intentada, sino que revela también qué es lo que mantiene la situación que ha de ser cambiada y dónde, por tanto, ha de ser aplicado el cambio.

La *tercera etapa,* con su implícita demanda de una meta concretamente definible y prácticamente alcanzable, protege al propio solucionador del problema contra el hecho de quedar encerrado en soluciones erróneas, complicando de este modo, más que resolviendo, el problema. Ya hemos visto cómo, en nombre de una psicoterapia, una meta utópica puede convertirse en una patología. El psicoterapeuta que introduce una meta utópica o vaga, o bien la acepta a partir de su paciente, termina tratando involuntariamente una condición patológica que ha ayudado a crear y que es luego mantenida mediante la psicoterapia. No es de sorprender que bajo tales circunstancias, el tratamiento sea largo y dificultoso. Si los síntomas aparentes son típicamente considerados como la cúspide del mencionado y mítico iceberg, se verifica una reestructuración negativa, con la cual se hace tan compleja y profundamente arraigada una dificultad existente, que tan sólo complejos y profundos procedimientos ofrecen esperanza alguna de cambio. El solucionador de problemas que suscriba la hipótesis del iceberg por lo que se refiere a los problemas humanos (y en especial a los de índole emocional) y plantee sus metas de acuerdo con ella, creará fácilmente un efecto Rosenthal[2] y a consecuencia de ello, el camino hacia la solución será largo, tortuoso e incluso peligroso. En contraste con ello, nuestra labor nos ha enseñado que la fijación de una meta definida y concreta da lugar a un efecto Rosenthal positivo. La necesidad de iniciar un tratamiento con una meta claramente definida y concreta es recientemente admitida por multitud de psicoterapeutas interesados en intervenciones breves; ver a este respecto las numerosas referencias mencionadas por Barten (15). Pero la delimitación de las quejas del paciente sobre un fondo inmenso y vago no es, con frecuencia, ni sencilla ni fácil. Como ya hemos mencionado, muchas personas que buscan ayuda con respecto a un problema describen el cambio deseado en términos al parecer plenos de sentido, pero en realidad carentes de utilidad práctica: desean ser más felices, o comunicar mejor con sus cónyuges, sacar más provecho de la vida, preocuparse menos, etc., etc. Pero es la gran vaguedad de estas metas lo que hace imposible alcanzarlas. Si se les insiste para que *especifiquen* aquello que quieren les suceda (o les deje de suceder) para ser más felices o para comunicar mejor, etc., se sienten con frecuencia desorientados. Esta desorientación no es debida, en primer término, al hecho de que, sencillamente, no hayan encontrado aún la respuesta correcta a su problema, sino más bien a que, sobre todo, están planteando una cuestión equi-

2. Robert Rosenthal (81) ha presentado una demostración experimental de que las opiniones, puntos de vista, expectativas y prejuicios prácticos de un experimentador, entrevistador o, añadiríamos nosotros, psicoterapeuta, aun cuando jamás sean explícitamente expresadas, ejercen un efecto definido sobre los rendimientos de sus sujetos, ya se trate de ratas, ya de seres humanos.

vocada. Como afirmó ya Wittgenstein hace medio siglo, «si una respuesta no puede ser expresada, tampoco puede serlo la correspondiente pregunta» (102). Pero además de tener en cuenta la «pregunta correcta» y definir así la meta en términos concretos, intentamos poner también un límite de tiempo al proceso de cambio. Estamos plenamente de acuerdo con aquellos psicoterapeutas que han observado que un tratamiento al que se ha impuesto un límite de tiempo aumenta las posibilidades de éxito, mientras que las psicoterapias a largo plazo, sin fijación de término, suelen prolongarse hasta que el paciente advierte que tal tratamiento puede continuar de un modo indefinido y lo termina. Hemos observado que en la medida en que un paciente alcanza una meta concreta o se siente de acuerdo con ella (sin que importe lo grande y monolítico que le parezca su problema), se hallará también de acuerdo en fijar un tiempo límite, que en nuestro Centro es habitualmente de un máximo de diez sesiones[3].

Ello nos conduce a la *etapa cuarta*. Las tres primeras etapas eran preliminares necesarios que en la mayoría de los casos pueden llevarse a cabo bastante rápidamente. El proceso actual de cambio tiene lugar en la cuarta etapa. Nos ocuparemos primeramente de algunas estrategias de índole general y luego, en el capítulo X, presentaremos algunas de las tácti-

---

3. Puede plantearse, desde luego, la cuestión siguiente: Dentro del amplio número de metas u objetivos concebibles ¿cómo hemos de decidir cuál es el correcto? Pero forzada dentro de esta disyuntiva de «correcto» o «incorrecto», la pregunta es en sí un buen ejemplo de pregunta incorrecta y la única respuesta es que no lo sabemos, no podemos saberlo y no necesitamos saberlo. El proceder que estamos describiendo no es precisamente teleológico, basado en la creencia de que existe un estado definitivo de normalidad, del cual los psicoterapeutas, en tanto que tales, tienen un experto conocimiento y pueden decidir así, en último término, aquello que es mejor para sus pacientes. Al igual que en nuestro enfoque no consideramos el síntoma como la manifestación superficial de un profundo problema subyacente, así no proyectamos la meta con arreglo a alguna esencial y platónica idea acerca del sentido último de la vida. En la segunda etapa hemos hallado aquello que mantiene el problema ahora y aquí; por tanto, la meta más lógica es romper dicho círculo vicioso, y no actualizar alguna abstracción filosófica acerca del ser humano.

cas específicas, a fin de ilustrar cómo puede ser puesta en práctica nuestra teoría del cambio.

Conocemos ya dos de los principios generales que rigen aquí: el objeto del cambio es la solución intentada, pero equivocada, y la táctica elegida ha de ser traducida al propio «lenguaje» de la persona, es decir, le ha de ser presentada en una forma que utilice su propio modo de conceptualizar la «realidad».

Otro principio general ha surgido ya en varios de los ejemplos presentados hasta ahora. Es el hecho de que la *paradoja* desempeña un papel tan importante en la solución como en la formación de un problema. Puesto que ya hemos examinado con gran detalle dicho papel en otro lugar (96), podemos limitarnos aquí a una breve recapitulación:

Todos los problemas humanos contienen algo de ineluctable, ya que de lo contrario no serían problemas. Éste es especialmente el caso en aquellos problemas que son designados habitualmente como *síntomas*. Nos referiremos una vez más al sujeto con insomnio: recordemos que intentando forzarse a dormir, se está situando a sí mismo en una paradoja del tipo «¡sé espontáneo!», y ya hemos indicado que resulta preferible enfocar este síntoma de modo igualmente paradójico, es decir, forzando al individuo a permanecer despierto. Pero esto es meramente un modo más complicado de decir que le hemos «prescrito» así su síntoma; es decir, lo hemos inducido a manifestarlo activamente en vez de exhortarle a que lo combata. La prescripción del síntoma, o bien en un sentido más amplio y no clínico, el cambio $_2$ mediante una paradoja, es indudablemente por lo que sabemos el modo más poderoso y más elegante de resolver un problema.

La aplicación práctica de estos principios generales nos ha conducido a desarrollar una variedad de intervenciones, y el próximo capítulo está dedicado a presentar ejemplos de las mismas. Ya que cada una de estas intervenciones ha de ser, desde luego, proyectada e instrumentada para ajustarse a un problema específico, es lógico que no podamos presentar un «catálogo» exhaustivo de las mismas y que los ejemplos contenidos en las siguientes páginas no constituyan ni las únicas, ni forzosamente las mejores intervenciones que pueda inventar un solucionador de problemas dotado de imaginación y familiarizado con los fundamentos racionales de estas soluciones. Al presentarlas nos damos plenamente cuenta de que técnicas similares han sido descritas por otros, sobre todo por Erickson (43) y Frankl (36). Queremos subrayar también que no es nuestro propósito presentar historias completas de casos, en el sentido ortodoxo, ni tampoco describir «tratamientos», sino sencillamente ilustrar cómo se aplican en la práctica nuestros principios teóricos del cambio[4].

Hemos de decir también unas palabras acerca de nuestros *fallos*. Mientras que consideramos que nuestros principios generales son de útil aplicación a toda la gama de problemas que se dan en la práctica clínica y asimismo a mucho otros de carácter no clínico, no afirmamos que la aplicación práctica de estos principios y las intervenciones basadas en ellos conduzca automática e invariablemente a una solución completamente satisfactoria[5]. Existen desde luego numerosas posibilidades de fracaso. Puede originarlo el planteamiento de una meta no realista o inadecuada.

En no pocas ocasiones hemos visto que nuestra meta original tenía que ser revisada, al disponer de más información o al tener lugar un cambio parcial durante el tratamiento. Una segunda razón de dificultad o fracaso consiste en la índole de la intervención elegida. Si un paciente lleva a cabo nuestras instrucciones y no tiene lugar ningún cambio posi-

4. No recomendamos nada de lo que sigue para solucionadores de problemas que sean demasiado «honestos» como para «jugar», es decir, que prefieran jugar a no ver que juegan.

5. Como ilustración de ello mencionaremos los primeros 97 casos observados en el Centro de Psicoterapia Breve y que fueron sometidos a entrevistas de seguimiento de tres a seis meses más tarde. Incluían una gama muy amplia de problemas psiquiátricos y cada uno de ellos fue tratado durante siete horas, por término medio. El correspondiente problema fue resuelto por completo en el cuarenta por ciento de los casos (con lo que significamos que se alcanzó la meta establecida al comenzar el tratamiento), y mejorado de modo importante, pero no por completo, en otro treinta y tres por ciento. Sin embargo, el veintisiete por ciento restante fueron fracasos.

tivo, la falta reside obviamente en las instrucciones. Con frecuencia, una cuidadosa exploración de dicho error revelará los defectos y nos permitirá establecer un plan más adecuado.

Sin embargo, el más importante talón de Aquiles de estas intervenciones reside en la necesidad de convencer al paciente de que lleve a cabo nuestras instrucciones. El paciente que en un principio está de acuerdo con una prescripción de comportamiento y que vuelve luego diciendo que no ha tenido tiempo para realizarla o que la ha olvidado o que, al recapacitar sobre ella la ha encontrado disparatada o inútil, etc., ofrece malas perspectivas de éxito. Así pues, una fuente potencial de fracaso es la incapacidad para presentar la intervención en un «lenguaje» que convenza a nuestro cliente y que por tanto le haga aceptar y cumplir gustosamente nuestras instrucciones. En el capítulo precedente hemos señalado ya la importancia de la reestructuración en conexión con ello. En el siguiente capítulo, y bajo el título de «El pacto con el diablo», presentaremos otro método para enfrentarse con esta dificultad.

X. EJEMPLOS

MENOS DE LO MISMO

Permítasenos comenzar nuestros ejemplos con una situación que en sí misma y por sí misma no es quizás demasiado frecuente, pero que tiene la ventaja de permitirnos una exposición bastante clara de nuestro procedimiento en cuatro etapas.

1. *El problema.* Una joven pareja acude a la psicoterapia conyugal, debido a que la esposa siente que no puede aguantar más la dependencia y sumisión excesiva que muestra su marido con respecto a sus padres. (Él es hijo único, de 30 años de edad, profesionalmente exitoso y, por tanto, independiente desde el punto de vista financiero.) El marido está de acuerdo con esta definición del problema, pero añade que no ve modo de resolverlo. Explica que, durante toda su vida, sus padres no solamente le han atendido en todas sus necesidades, sino que le han ayudado de todas las formas imaginables (dinero, ropas, coches, una excelente educación, viajes prolongados, etc.). Afirma que ha llegado a un punto en el que cualquier regalo o don adicional que recibe de ellos viene a sumarse a una carga, ya intolerable, de deuda de agradecimiento a su respecto, pero que sabe que el hecho de rechazar sus constantes y no solicitadas ayudas sería aquello que más les heriría, ya que el dar constantemente es la idea que ellos tienen acerca de lo que deben hacer unos buenos padres.

Estos últimos no vieron con mucho agrado su elección de esposa, pero el matrimonio les ofreció inmediatamente una justificación adicional para intervenir masivamente en la vida de los cónyuges. Fueron ellos los que eligieron el hogar de la pareja y lo pagaron, a pesar de que los novios hubieran preferido una casa más pequeña y menos cara en un barrio diferente. Los padres asimismo decidieron todo lo relativo a la decoración interior e incluso los arbustos y los árboles que debían plantarse en el jardín. Proporcionaron además la mayor parte del mobiliario (muy caro), sin dar lugar al matrimonio a que arreglasen su casa a su gusto. Los padres, que viven en una ciudad situada a 2.500 kilómetros de distancia, efectúan cuatro visitas anuales, de tres semanas de duración, que el matrimonio ha acabado por contemplar con vivísimo temor. Los padres toman literalmente posesión de la casa; la joven esposa es desterrada de la cocina, ya que es la madre quien prepara todas las comidas y compra montañas de provisiones; lava cuanto hay de lavable en la casa y reordena la decoración, mientras que el padre limpia y arregla los dos coches, recoge las hojas secas, corta el césped, poda, arranca las malas hierbas, etc. Cuando salen juntos, el padre paga invariablemente todos los gastos.

2. *Las soluciones intentadas.* El matrimonio se siente al borde de la desesperación. Han intentado con todas sus fuerzas, pero inútilmente, establecer un mínimo de independencia, pero incluso la más leve tentativa de protegerse contra el dominio de los padres es interpretada como signo de ingratitud, que provoca profundos sentimientos de culpa en el marido y una rabia impotente en la mujer. Estas tentativas dan también lugar a ridículas escenas en público, por ejemplo, cuando tanto la madre, como la nuera implora al cajero del supermercado que acepte su dinero, y no el de la otra, o cuando el padre y el hijo luchan literalmente por la cuenta del restaurante en cuanto el camarero la trae. A fin de aliviar algo sus sentimientos de deuda, los jóvenes han intentado también remitir a sus padres un costoso regalo tras su visita, con lo que tan sólo logran recibir otro más costoso aún a vuelta de correo. Desde luego, se sienten luego en la obligación de colocar el regalo en un destacado lugar en su hogar, aun cuando les fastidia verlo. Cuanto más intentan lograr un mínimo de independencia, tanto más sus padres intentan «ayudarles». Así pues, los cuatro se hallan encerrados en un típico callejón sin salida del tipo «más de lo mismo».

3. *El objetivo.* En este caso, la tarea de formular un objetivo concreto, que con frecuencia resulta difícil, fue relativamente fácil. Deseaban que sus padres dejasen de tratarles como si fuesen niños, que les reconociesen el derecho de adoptar sus propias decisiones, incluso durante sus visitas, de elegir su propio estilo de vida y de llevar a cabo todo esto sin sentirse culpables por ofender a los viejos.

Sin embargo, para el propósito de proyectar una intervención óptima, esta formulación resultaba aún demasiado general. Preguntamos por tanto al marido qué era lo que tenía que suceder, *en especial,* para demostrarle tangiblemente que habían logrado dicho objetivo. Inmediatamente replicó que tal sería el caso cuando el padre le dijese espontáneamente: Ahora ya eres lo suficientemente mayor como para que los dos os cuidéis por vosotros mismos y no esperar que mamá y yo os mimemos indefinidamente. La manifestación de este cambio específico en la actitud del padre fue aceptada como objetivo del tratamiento.

4. *La intervención.* A partir de toda esta información colegimos claramente que para que una intervención tuviera éxito, habría de ser realizada en el único «lenguaje» que los padres podían comprender, es decir, la suprema importancia de ser buenos padres. Ya que era inminente una de las mencionadas visitas trimestrales, se le dijo a la pareja lo siguiente: hasta la última visita habían intentado hacer cuanto podían para que los padres tuviesen que limpiar, arreglar y corregir lo menos posible. Ahora tenían que dejar de limpiar la casa varios días antes de la visita, dejar que se acumulase un máximo de ropa sucia, dejar de lavar los coches y dejar también casi vacíos los depósitos de gasolina, descuidar el jardín y vaciar la cocina de toda clase de reservas alimenticias. Deberían dejar sin arreglar cuanto hubiese de estropeado en la casa (bombillas fundidas, grifos goteantes, etc.). No sólo no tenían que impedir a los padres pagar las cuentas de víveres, restaurantes, las entradas a espectáculos, la gasolina, etc., sino esperar tranquilamente a que vaciasen sus bolsillos abonando todos estos gastos. En la casa, la esposa debería dejar que se acumulase la vajilla sucia en la cocina y esperar que la madre la fregase; el marido debería leer o mirar la televisión mientras que el padre per-

manecía trabajando en el garaje o en el jardín. Cada cierto tiempo había de asomar la cabeza por la puerta, mirar cómo progresaban los arreglos y preguntar cariñosamente: «¡Eh, papá!, ¿cómo va eso?» Pero, sobre todo, se les prohibió realizar cualquier tentativa para hacer saber a sus padres que ellos (el joven matrimonio) tenían derecho a su independencia. Tenían que aceptar cualquier cosa que sus padres hiciesen por ellos como algo natural y lógico, y darles negligentemente las gracias por ello.

Si ambos jóvenes no hubiesen estado tan preocupados por la situación, habría sido probablemente imposible «venderles» tal idea, ya que, superficialmente considerada, parecía que en lugar de liberarlos, iba a hundirlos más profundamente en aquello que deseaban evitar. Sin embargo, llevaron a cabo, al menos en parte, nuestras instrucciones y cuando volvieron a la próxima sesión, dos semanas más tarde, informaron que sus padres habían terminado muy pronto su visita. Antes de marcharse, el padre había tomado aparte a su hijo para decirle en términos cariñosos, pero nada dudosos, que tanto él (el hijo) como la esposa habían estado demasiado mimados, que se habían habituado mucho a recibir cuidado y ayuda de los padres y que ya era hora de que se comportasen de un modo más adulto y menos dependiente de ellos.

Como puede verse por lo que hemos expuesto, no se realizó tentativa alguna para incluir a los padres en las sesiones y para llegar a una mutua comprensión del problema y de todas sus ramificaciones. En lugar de ello, la intervención se concentró sobre la joven pareja y la solución intentada por ella, siendo proyectada de un modo que permitiese a los padres continuar desempeñando el papel de «buenos padres», papel al cual no habrían renunciado en modo alguno. En lugar de seguir mimando a la joven pareja, se dedicaron ahora a la tarea, no menos propia de padres, de «destetarles».

Un hombre de mediana edad y su mujer iniciaron conjuntamente una psicoterapia familiar debido a que se enzarzaban constantemente en monótonas peleas verbales, que hacían muy desgraciada a la esposa y la dejaban muy preocupada por las posibles repercusiones sobre sus hijos, aún de corta edad. Se puso muy pronto de manifiesto que sus disputas surgían a través de una especie de «trabajo en equipo»: el marido (el cual admitía que más bien gustaba de pelearse y que, por ejemplo, no perdía jamás ocasión de hacerlo con camareras u otro personal de servicio) utilizaba siempre un modo de provocación sutil, pero eficaz, y la mujer reaccionaba entonces de una manera que le permitía dar rienda suelta a su temperamento y atacarla. No es preciso añadir que ella consideraba su propia reacción como el único modo de defenderse contra las provocaciones de él y de *evitar* una pelea. Así pues, ambos, pero en especial ella, no se daban cuenta del hecho de que, sin esta reacción específica de evitación, la disputa no podría tener lugar. Mientras estábamos sopesando cuál habría de ser la intervención más adecuada en este caso, un incidente nos proporcionó una excelente ocasión para una prescripción de comportamiento. Lo que sigue es una trascripción del registro magnetofónico de la sesión de psicoterapia familiar consecutiva a la intervención:

PSICOTERAPEUTA
¿Siguió usted el domingo mis instrucciones?

PADRE
Sí.

PSICOTERAPEUTA
Muy bien, cuéntenos lo que pasó.

PADRE
No encontré a nadie que colaborase conmigo.

PSICOTERAPEUTA

(A los hijos.) Para que os enteréis de lo que sucedió y de lo que estoy hablando: el domingo por la mañana tuve una conversación por teléfono con vuestro padre. Habían tenido una discusión y yo le dije que fuese a esa convención en San Francisco y que se pelease realmente con alguien — ya que vuestro padre ha afirmado aquí (aunque quizás no lo recuerde bien) que cuanto más pelea mejor se encuentra. Yo creía que iba a ser una buena experiencia que tuviese alguna ocasión de enzarzarse con alguien, pero en plan experimental; todo eso para ver cómo establece él las condiciones para una disputa. *(Al padre):* ¿Y dice que no pudo encontrar a nadie que colaborase con usted?

PADRE

No. Lo he intentado todo. Es realmente divertido. A veces tengo alguna bronca con alguien, pero es de un modo espontáneo. Bueno, a lo que iba..., estaba dispuesto a tener una bronca con cualquiera. Así un amigo y yo pedimos unos *martinis.* Y entonces le dije al del bar que lo quería seco y él dijo: «Es seco», y yo le dije: «Pues se lo va a beber usted... ¿Qué clase de ginebra usa? Usa usted una ginebra dulce. Esto no es un martini seco», le dije. «Póngame usted un martini seco». Y él entonces dijo: «Muy bien; como lo quiere usted». Y entonces me preparó un martini muy bueno. El primero también era probablemente bueno. Usted me dijo que buscase pelea.

PSICOTERAPEUTA

Sí, pero él no quiso tenerla...

PADRE

Sí, no quiso discutir conmigo y me preparó otro martini, haciéndolo con arreglo a mi gusto y yo entonces le dije: «Éste es mucho mejor». «Ya lo tendré presente», contestó. Muy bien, no se puede discutir fácilmente con personas con las que se trata en plan de negocios, aunque en ocasiones me he peleado también con ellas; pero cuando entré en la sala de exhibición aquí, todo el mundo decía que yo había estado enfermo y entonces pregunté a un fulano: «¿Por qué no me ha mandado una tarjeta de buen augurio?», y él dijo: «Lo tendré en cuenta y en cuanto llegue a casa, se la mando». Luego estuve esperando adrede para que pasasen cinco minutos del tiempo que podía estar aparcado mi coche. Luego bajé y le dije al del aparcamiento: «¿Cuánto es?». Me dijo: «Tres dólares y medio», y yo le dije: «Vamos hombre, son sólo tres pavos». Él repuso que tenía que pagar una hora extra, aunque no me había retrasado más que cinco minutos. Me dijo que la tarifa era por hora o fracción. Me cargó 50 centavos y yo intenté discutírselo. Me dijo: «No puedo discutir con usted; todo el mundo me protesta por estas cosas, pero yo no puedo hacer nada. Escriba usted a la dirección». Yo le dije: «Aquí es usted la dirección. Le voy a dar tres dólares y voy a sacar mi coche». A lo que replicó: «Haga lo que quiera. Voy a apuntar su matrícula y se la mandaré al jefe y que él se las entienda con usted». Seguramente tiene que tratar con montones de gente que hace igual que yo y que busca pelea. Así que él tampoco quiso cooperar, pero yo hice el esfuerzo, según lo que usted me dijo. A lo mejor es por seguir sus instrucciones por lo que no hice tan bien el esfuerzo por pelearme. Pero de todos modos me preparé dos ocasiones en las que si alguien hubiese querido hacerme el juego, habría tenido una buena bronca.

PSICOTERAPEUTA
(Mirando fijamente a la madre.) Claro, si alguien hubiese querido hacerle el juego, sí.

PADRE
Creo que si hubiese logrado que aquel tío hubiese salido de sus casillas, le habría liquidado. Y lo mismo me habría pasado con el camarero del bar.

Como podemos ver, la intervención ejerció dos efectos. Situó al marido en una paradoja del tipo «¡sé espontáneo!», por lo que respecta a sus peleas «espontáneas», y además hizo que la mujer fuese más consciente de cómo contribuía a su problema, más de lo que cualquier explicación o interpretación orientada en sentido de *insight* hubiera podido lograr. O consideremos el frecuente caso del adolescente que se comporta mal y cuyo comportamiento parece ajustarse exactamente al problema marital de sus padres. Así por ejemplo, una hija puede comportarse de un modo muy irrespetuoso y agresivo con respecto a su madre, la cual reacciona luego de un modo que no hace sino profundizar más aún su mutua hostilidad. Se comprende que la madre espere que el padre afirme su autoridad y la ayude a corregir el comportamiento de la hija, pero para pesar suyo encuentra que el marido es demasiado «indulgente» cuando ella se queja de la hija. Con razón o sin ella, le queda la impresión de que padre e hija mantienen una oculta coalición contra ella, es decir, que el padre se alegra en secreto y alienta el comportamiento de la muchacha, acusación indemostrable que él rechazaría airadamente si ella se la expusiese. En estos casos hemos hallado muy útil decirle al padre (en presencia de la madre) que puede restablecer la paz en su hogar fácilmente, si acepta hacer algo que le parecerá más bien raro: echar mano a su portamonedas y darle a la hija 10 centavos cada vez que se muestre insolente con su madre. Deberá llevar a cabo esta instrucción en silencio y como si fuese lo más natural del mundo, y si la hija insiste en saber por qué lo hace, se limitará a decir: «Es que tenía ganas de darte diez centavos». Al impartir esta prescripción, el psicoterapeuta evita quedar envuelto en una argumentación sin salida acerca de si el padre siente «realmente» hostilidad hacia la madre, y si la hija actúa «realmente» de modo tan hostil ante la secreta satisfacción del padre. Las vagas implicaciones simbólicas de la prescripción constituyen una modalidad de «técnica de confusión» por lo que se refiere a la muchacha, y por otra parte proporcionan a la madre la impresión de que el padre está haciendo algo para ayudarla contra la hija, si bien su propósito permanece lo suficientemente poco claro como para evitar que lo utilice en sus argumentos. Como en el primer ejemplo, llevar a cabo esta prescripción hace que se manifieste un comportamiento «espontáneo» que hasta entonces permanecía oculto; no mediante un *insight,* en el sentido ortodoxo del término, sino mediante una acción específica. Pero una vez que el «juego» se hace patente resulta imposible (en el sentido de Wittgenstein y de Howard, como hemos mencionado en el capítulo VIII) seguir jugándolo como antes, ingenuamente.

Un individuo de veinticinco años que había sido diagnosticado de esquizofrenia y había transcurrido la mayor parte de los diez años anteriores en hospitales mentales o realizando psicoterapia intensiva, fue traído a tratamiento por su madre, la cual pensaba que su hijo estaba al borde de otro brote psicótico. Por entonces estaba arrastrando una existencia marginada en un apartamento, y seguía dos cursos en una escuela superior, en los que estaba fracasando. Mostraba un comportamiento manierístico y con frecuencia «cortésmente» perturbador durante nuestras sesiones. Por lo que a él respectaba, el problema consistía en un desacuerdo, que databa de hacía ya tiempo, entre él y sus padres por lo que se refería a la ayuda económica que éstos le brindaban. Se mostraba resentido porque ellos mismos pagaban el alquiler de su apartamento y otros gastos para él «como si fuese un niño». Deseaba que sus padres le asignasen una cantidad mensual adecuada, con la que podría hacer frente por sí mismo a sus gastos. Los padres, por otra parte, pensaban que sus antecedentes, así como su comportamiento actual, indicaban que no podía asumir tales responsabilidades y que malgastaría su dinero. Preferían, por tanto, entregarle su dinero semanalmente, dependiendo la correspondiente cantidad de que se comportase «bien» o «como un loco» durante dicho tiempo. Esto, sin embargo, no lo dijeron nunca claramente, al igual que el hijo no expresó nunca su irritación por dicho arreglo, sino que manifestaba una especie de bobería, que la madre consideraba como una demostración más de incapacidad para manejar sus propios asuntos. Ello aumentaba también sus temores acerca de que iba a ser inevitable otra costosa hospitalización.

En presencia de su madre se le indicó que si se sentía ofendido por el modo de tratarle sus padres desde el punto de vista financiero, tenía todo derecho a defenderse amenazando con causar un gasto mucho mayor, sufriendo otro brote psicótico. El psicoterapeuta realizó luego otras indicaciones concretas acerca de cómo debería comportarse el hijo a fin de dar la impresión de una catástrofe inminente, siendo tales indicaciones en su mayoría reformulaciones del comportamiento algo extraño que estaba manifestando ya de algún modo.

Esta intervención reestructuró el comportamiento «loco» del hijo como algo sobre lo cual tuviese él poder y pudiese, por tanto, utilizar para beneficio suyo; pero la misma reestructuración permitió a la madre contemplar aquel comportamiento en sus justos términos y quedar menos intimidada por él. Uno de los resultados fue que durante su próxima disputa, la madre sencillamente se enfadó con él, le dijo que estaba cansada de tener que arreglar sus asuntos, de actuar como chófer suyo, etc., y estableció una cantidad mensual a él asignada, con la cual podía hacer su hijo lo que le viniese en gana, pues ella no iba a darle más. En la entrevista de seguimiento se demostró que este arreglo funcionaba bien, y tanto es así que el hijo se las arregló para ahorrar suficiente dinero de su asignación mensual y comprarse un coche, que le hacía depender menos aún de su madre.

DIVULGAR EN LUGAR DE OCULTAR

Existe gran número de problemas cuyo común denominador es cierta clase de inhibición social o de handicap obstaculizador, tratándose o bien de que la persona afectada no puede dejar de hacer algo que no debería hacer o de que, por el contrario, le gustaría hacer algo, pero no puede. En estos casos, la definición del problema es por lo general fácil y la solución intentada implica típicamente algún recurso contraproducente al esfuerzo de voluntad. En contraste con los ejemplos mencionados en la sección precedente, no hay nada oculto por lo que se refiere al problema.

El miedo a hablar en público nos proporciona un buen ejemplo. Lo que más teme la persona es que su tensión se ponga de manifiesto y que eventualmente la domine frente al auditorio. Su comportamiento destinado a solucionar el problema está orientado por tanto principalmente hacia el control y la ocultación de su estado interior: intenta «sobreponerse» e impedir su temblor de manos, hacer que su voz sea firme, aparecer como relajada, etc. Cuanto más tensa está, más intensamente intenta ocultar su tensión y cuanto más lo intenta, más tensa se pone.

Aun cuando «ello» no ha sucedido aún, sabe que puede suceder en el próximo instante y puede imaginar el inminente desastre con todo detalle. Así pues, los ingredientes de la situación son éstos: 1) un «problema», la consecuencia de una premisa que para el sujeto es más real que la realidad misma, y 2) tentativas de solución, es decir, comportamientos destinados a solucionar el problema, del tipo de cambio $_1$, que contribuyen a mantener activo dicho problema y de este modo confirman las premisas que han conducido al mismo. En psicoterapia tradicional, el enfoque correcto se habría de dirigir sobre estas premisas, haciendo conscientes su naturaleza y su origen y considerando al problema (al síntoma) tan sólo como la cúspide del iceberg. En cambio, el enfoque de la psicoterapia breve se dirige sobre la «solución» intentada; se le dice a la persona que ha de preceder su discurso afirmando, de cara al público, que está sumamente nerviosa y que su nerviosismo probablemente la vencerá por completo. Esta prescripción de comportamiento supone una completa inversión de la solución intentada hasta entonces: en lugar de intentar ocultar el síntoma, se lo divulga. Pero ya que la solución intentada *es* el problema propiamente dicho, este último desaparece junto con la «solución», y con ello desaparece también la premisa subyacente, sin que se dé *insight* alguno.

No es desde luego fácil hacer que alguien lleve a cabo estas instrucciones. En primer lugar no ve por qué debería hacer algo tan contrario a su modo de pensar, como divulgar aquello que más desea mantener oculto. Es en este punto donde resulta más necesaria la capacidad para hablar el propio «lenguaje» del paciente. A un ingeniero o a un técnico electrónico podremos, por tanto, explicar el motivo de esta prescripción de comportamiento en términos de un cambio de mecanismos de *feedback* negativo a positivo. A un cliente que relacione su problema con una escasa autoestimación, podemos advertirle que tiene evidentemente una necesidad de autocastigo y que ello es un excelente modo de satisfacer tal necesidad. A alguien que esté interesado por el pensamiento y la mística orientales, podremos recordarle lo aparentemente absurdo de los *koans* del zen. Con el paciente que llega a nosotros con una actitud como queriendo decir: «Aquí estoy, encárguense ustedes de mí», probablemente adoptaríamos una actitud autoritaria y no le daríamos explicación alguna. Con alguien que ofrece escasas perspectivas para cualquier forma de cooperación, hemos de hacer preceder a la prescripción propiamente dicha por la observación de que existe una vía sencilla, pero algo rara para resolver el problema, pero que estamos casi seguros de que el paciente no es la clase de persona que puede utilizar esta solución. Y con respecto a sujetos parecidos a nosotros, podemos incluso dar una lección hablando de la teoría de los grupos, la teoría de los tipos lógicos, de cambio $_1$ y cambio $_2$, etc.

Como ya hemos mencionado, la advertencia o el anuncio es la técnica de elección cuando la solución intentada consiste en ocultar. Puede utilizarse por tanto con respecto al rubor, a los temblores nerviosos (como ya lo sugirió Frankl hace años [34, 35]), al temor a aparecer aburrido y a no tener nada que decir a una persona del sexo opuesto (en este caso la advertencia tendrá la adicional ventaja de motivar al compañero a mostrarse particularmente amable y tolerante, fallando así tan autocumpliente profecía), a la frigidez y a la impotencia, y a gran número de problemas similares. Lo interesante es que incluso cuando el sujeto no es capaz de cumplimentar dicha instrucción, el mero hecho de tenerla en cuenta, de ver ahora una posibilidad de salir del atrapamoscas, puede bastar para cambiar lo bastante su comportamiento como para evitar volver a su viejo «juego» [1], y nada hay tan convincente como el éxito.

1. Este género de intervención está más detallado en la sección titulada «El truco de Bellac».

Hay bastantes personas que viven en un constante temor de cometer errores. Lo más frecuente es que el número y la gravedad de sus errores no resulten superiores a los de otras personas, pero este hecho, asaz evidente, no contribuye en modo alguno a mitigar su ansiedad. Sin embargo, sus preocupaciones les hacen más propensos a cometer fallos y equivocaciones y por lo general son sus tentativas para evitarlos las que preparan el terreno para que sobrevengan. El caso de una auxiliar de dentista ofrece un ejemplo típico. Por lo que sabía, su jefe le consideraba muy competente y estaba satisfecho con sus servicios. Admitió también que aún no se había equivocado tanto como para tener que ser despedida por su jefe. Pero esto era tan sólo una cuestión de tiempo y el tiempo estaba en contra suya, ya que su temor a cometer una grave equivocación se estaba acentuando cada vez más y hacía de su trabajo (que le gustaba y del que necesitaba para vivir) una pesadilla.

Al principio se horrorizó cuando le aconsejamos que cometiese deliberadamente a diario una pequeña equivocación sin consecuencias, pero más bien estúpida. Como el lector puede advertir, esta prescripción de comportamiento iba dirigida, desde luego, contra su comportamiento excesivamente precavido contra la comisión de errores, que era el que generaba el problema. Pero para ella se trataba de una idea sumamente absurda que no podía ser más contraria a lo que ella consideraba como la única solución posible, es decir, evitar más intensamente aún la comisión de errores. Fue preciso explicarle detalladamente el motivo «real» de las instrucciones, explicación que resulta igualmente útil con otros problemas similarmente estructurados, tales como dolores psicógenos, compulsiones, tics, enuresis y multitud de otros estados aparentemente incontrolables. En resumen, lo que esta explicación pretende es una reestructuración, utilizando el comprensible deseo de la persona en cuestión de controlar su síntoma. Explicamos a nuestra paciente que mediante la mera aplicación de más voluntad, sería probablemente capaz de evitar que sucediesen equivocaciones graves, pero que con ello no se consideraría jamás lo suficientemente segura como para no cometer ninguna. Sería una constante lucha. Se mostró tristemente de acuerdo. Luego la indicamos que el control auténtico sobre problemas como el suyo tan sólo se logra cuando la persona no sólo es capaz de evitarlos, sino también de crearlos a *voluntad*. De aquí la necesidad que tenía de seguir nuestra prescripción, ya que tan sólo incurriendo deliberadamente en errores aprendería a controlarlos plenamente.

En la sesión siguiente nos informó de que se sentía mucho mejor, aun cuando en cierto sentido las cosas iban ahora peor: su propósito de cometer un pequeño error diario y sus planes para llevarlo a cabo la preocupaban tanto que no tenía tiempo para pensar en otros posibles errores mayores. Sin embargo, pronto comenzó a considerar bastante absurdo todo este ejercicio, realizándose así un cambio $_2$ sin que de nuevo fuese preciso exploración alguna de los motivos «profundos» de su síntoma y sin *insight* alguno.

Un problema en cierto modo similar era el de una atractiva paciente de 30 años, cuyo estilo de vida parecía copiado directamente del film de Buñuel *Belle de Jour*, con excepción de que era soltera. Disfrutaba de una excelente carrera profesional y era respetada por sus colegas, los cuales se habrían sorprendido grandemente si hubiesen descubierto que, por la noche, aquella misma persona llevaba una vida muy distinta. Frecuentaba bares y salas de baile baratas, se las arreglaba para conocer a algún individuo de los que iban a dichos lugares, le dejaba que la acompañase a su apartamento, tras haber bebido bastante, y luego, invariablemente, se sentía ofendida y muy asustada cuando él esperaba obtener algo más de ella y ella quería que se marchase. A partir de su descripción, la cuestión no era para tomarla a la ligera, ya que algunos de dichos hombres habían llegado a atacarla brutalmente. Sin embargo, no sabía por qué llegaba a tales situaciones, excepto que sentía cierta atracción compulsiva a exponerse a ser asaltada por sujetos a los que de otro modo hubiera rechazado por ser tanto social como intelectualmente muy inferiores a ella. Con esta esquematizada descripción de su problema, nos proporcionó los dos temas principales (una oscura ignorancia acerca de los motivos que la impulsaban a tal comportamiento y una necesidad de jugar con la degradación), con respecto a los cuales se iba a proyectar nuestra intervención.

Le explicamos que por razones que tanto ella como nosotros no comprenderíamos probablemente jamás, experimentaba la necesidad de castigarse a sí misma. Ya que, al parecer, su mano derecha no debía saber lo que hacía la izquierda, era ante todo necesario para ella darse cuenta del mecanismo que intervenía aquí, y ello tan sólo podría realizarse mediante una experimentación cuidadosa y gradual. Mediante una lenta y detallada exposición de esta tema la instruimos para exponerse a estigmatización social y a una degradación moderada, cada vez que sintiera la necesidad de degradarse a gran escala. En especial se le hizo prometer que llevaría a cabo alguna de entre una variedad de prescripciones de comportamiento, tales como llevar en público dos zapatos distintos, o una mancha de grasa en la cara, o bien salir de su casa con alguna prenda de vestir visiblemente desarreglada (vestía siempre impecablemente) o bien tropezar y caer al suelo deliberadamente en algunos grandes almacenes llenos de público, etc.

De modo muy semejante a lo sucedido en el caso de la auxiliar de dentista, fue la naturaleza —moderada pero intencional— de la acción exigida la que dio lugar a un cambio en el comportamiento de la paciente. La idea de tener que exponerse voluntariamente al ridículo público era tan inaceptable que la preocupación resultante borró el resto de su comportamiento. Aquí tampoco se realizó nada en el sentido de un *insight* y el comportamiento cambió en el sentido de que desapareció el deseo de exponerse a una gran humillación tras haber descubierto cuán temible era exponerse a pequeñas humillaciones.

Otra joven, también soltera, llevaba una vida promiscua que la hacía sentirse muy vil, pero que, al mismo tiempo, constituía la única alternativa a la deprimente idea de que, de otro modo, ningún hombre buscaría su compañía. Para empeorar más aún las cosas, después de cada encuentro sexual se sentía totalmente insatisfecha con lo que se creía también desprovista de valor como amante. Quedaba entonces tan avergonzada ante el hombre en cuestión que no le quedaban ganas de volverle a ver y empezaba a salir con otro. Lo que era incapaz de ver, sin embargo, era que en tales circunstancias, eran sus tentativas para resolver su problema aquello que constituía actualmente su auténtico problema (es decir, volver a salir con cualquier otro hombre que sólo estuviera interesado sexualmente por ella). Para sacarla de este círculo vicioso y de acuerdo con nuestra regla según la cual la intervención terapéutica ha de ser aplicada a la «solución», la instruimos en el sentido de decir a su próximo amigo que, por motivos que no le era posible revelar, pero que eran de índole altamente simbólica, tan sólo podía hacer el amor si le daba primero 25 centavos, pero que tenía que ser en una pieza vieja de plata, y no una moneda de nuevo cuño. Aquí tampoco dimos explicación alguna acerca de esta prescripción. Quedó horrorizada por el consejo, pero puesto que por otra parte estaba lo bastante interesada como para continuar el tratamiento, no le quedó otra alternativa que cesar de acostarse con cualquiera, descubriendo entonces para sorpresa suya que los hombres no la dejaban simplemente por no querer ella acostarse con ellos. De este modo se llevó a cabo un cambio, aun cuando jamás se cumplimentaron las instrucciones. Y eso sirve de transición a otra forma de intervención:

EL «TRUCO DE BELLAC»

Una ayudante de ejecutivo, inteligente y dotada de experiencia, acostumbrada a adoptar decisiones propias, venía teniendo dificultades con uno de sus jefes. A juzgar por la descripción que ella misma hacía del conflicto, el jefe se sentía enojado y al mismo tiempo inseguro por su *modus operandi* independiente y enérgico, y desaprovechaba pocas ocasiones para dejarla en mal lugar, sobre todo en presencia de terceros. Se sentía tan ofendida por esto, que tendía a adoptar una actitud distante y condescendiente hacia él, a lo cual reaccionaba el jefe con «más de lo mismo», es decir, acentuando su actitud despectiva hacia ella. La situación fue intensificándose hasta el punto que el jefe iba a recomendar su traslado o a pedir su dimisión, mientras que ella estaba considerando ya presentar esta última para adelantarse a él también en eso.

Sin explicarle los motivos, se la instruyó en el sentido de esperar al próximo choque y aprovechar luego la oportunidad para decirle a su jefe en privado y con aire de turbación algo por el estilo de lo siguiente: «He deseado durante mucho tiempo decirle esto, pero no sabía cómo hacerlo — es curioso, pero cuando me trata como lo ha hecho ahora, me siento excitada y atraída hacia usted y no sé por qué. Puede que tenga algo que ver con mi padre». Debía abandonar luego la habitación precipitosamente y antes de que él pudiera decir nada.

Al principio quedó horrorizada, luego intrigada y finalmente encontró la idea enormemente divertida. Dijo que le sería difícil esperar para ensayarla, pero cuando volvió para la siguiente entrevista, afirmó que a la mañana siguiente a la entrevista anterior, el comportamiento de su jefe había cambiado y que se había mostrado cortés y de trato fácil, como nunca hasta entonces.

Si se necesitasen pruebas del hecho de que la realidad *es* lo que hemos llegado a *llamar* «realidad», esta forma de cambio nos proporcionaría una. Estrictamente hablando, nada cambió «realmente» en el sentido de que no tuvo lugar ninguna comunicación o acción explícitas entre dichas dos personas. Pero aquello que hace que sea eficaz esta forma de resolver problemas es el saber que uno puede enfrentarse ahora de un modo distinto con una situación que previamente parecía amenazadora. Ello da entonces lugar a un cambio en el propio comportamiento, que se transmite a través de múltiples y muy sutiles canales de comunicación interhumana y afecta entonces a la realidad interpersonal, del modo deseado, *aun cuando no se recurra a la prescripción del comportamiento recibida en la entrevista psicoterápica*. Ya hemos mencionado este particular efecto en la sección acerca del «divulgar en lugar de ocultar». Así pues, mientras que en típicas situaciones humanas de conflicto, cuanto más cambian las cosas, más permanecen igual, aquí sucede más bien lo contrario: cuanto más permanecen las cosas igual, más cambian.

Hemos denominado a este tipo de intervención el *truco de Bellac*, según la obra teatral de Giraudoux: *L'Apollon de Bellac*. Inés, una muchacha tímida, espera nerviosamente ser llamada al despacho de un presidente para tener con él una entrevista a fin de solicitar un puesto de trabajo. En la sala de espera está también un joven, el cual, enterado por ella de sus temores, le dice que el modo más sencillo de hacerse con la gente es decirles que son guapos. Aun cuando ella al principio se sorprende por el aparente cinismo de esta sugerencia, logra él convencerla de que el hecho de llamar guapo a alguien lo *hace* hermoso y por consiguiente no supone ninguna falsedad. Ella sigue el consejo y obtiene un éxito inmediato con el ordenanza, luego con el altanero vicepresidente y con los directores. Por fin, el presidente sale impetuosamente de su despacho y le dice:

> Señorita Inés, durante quince años, esta organización ha permanecido sumida en la melancolía, las envidias y las suspicacias. Y ahora, esta mañana, ha cambiado todo de repente. Mi empleado encargado de la recepción, que corrientemente es una especie de hiena (el empleado sonríe afablemente) se ha vuelto tan amable que incluso hace reverencias a su propia sombra en la pared (el empleado contempla su sombra con una reverencia de aprobación. Vuelve a hacer una reverencia). El primer vicepresidente, cuya reputación de puntillosidad y formalismo jamás ha sido negada, insiste en sentarse en la reunión de directores en mangas de camisa, Dios sabe por qué ... (39).

El presidente, a su vez, se convierte en otro hombre en cuanto Inés le dice lo muy guapo que es. Algo más tarde, en presencia de su malhumorada esposa Thérèse, llega a la más importante conclusión: la de que decirles a los otros que son guapos convierte *a uno mismo* en hermoso:

> ¿Te has parado alguna vez a pensar, Thérèse, por qué el buen Dios creó a las mujeres? No fueron hechas a partir de nuestras costillas para convertir nuestra vida en un tormento. Las mujeres existen a fin de decir a los hombres que son guapos. *Y aquellas que más se lo dicen son las más hermosas.* Inés me ha dicho que soy guapo y *lo ha hecho porque es ella misma hermosa.* Tú me dices que soy feo, ¿por qué? (40) (el subrayado es nuestro).

Lo que Giraudoux nos describe aquí es lo contrario de aquellas embrolladas disputas, que se perpetúan a sí mismas y en las que lo feo en uno de los contrincantes engendra lo feo en el otro y luego actúa sobre sí mismo. Giraudoux muestra asimismo, si bien valiéndose de una plausible licencia artística para simplificar, que un cambio inicial sumamente pequeño puede ser cuanto se precisa para efectuar un cambio en todo el cuadro. En cuanto al Apolo de Bellac, modelo de belleza con el que todos los personajes son comparados, no existe, como revela el joven a Inés, pero todo el mundo está dispuesto a creer en su existencia.

UTILIZAR LA RESISTENCIA

Como hemos apuntado en el capítulo VIII, la resistencia al cambio puede transformarse en un importante vehículo de cambio. Esto puede realizarse reestructurando la resistencia como condición previa o incluso como un aspecto del cambio. Unos cuantos ejemplos ilustrarán este punto.

Por absurdo que ello pueda parecerle al profano, bastantes personas comienzan una psicoterapia, al parecer, no para resolver un problema y cambiar ellos mismos durante el proceso, sino para derrotar al experto y «demostrar» posiblemente así que el problema no puede ser resuelto, mientras que al mismo tiempo claman por una ayuda inmediata. Eric Berne ha denominado a una situación muy similar a ésta el juego de «¿Por qué no? — Sí, pero» (23). Dentro del contexto de la razón y del sentido común, esta actitud establece un típico callejón sin salida, en el que la petición de auxilio por parte de alguien da lugar a consejos, basados en el sentido común, a lo cual él responde con «más de lo mismo» (es decir: con más razones de por qué no puede aplicar dicho consejo y con más exigencia de «mejor» ayuda), a lo cual reaccionan los demás proporcionándole más ayuda en el sentido común, etc. En términos de la pragmática de la comunicación humana, los demás responden al sujeto que solicita ayuda predominantemente a nivel del *con-*

tenido e ignoran sus comunicaciones a nivel de la *relación* (92), hasta que más pronto o más tarde, por lo general más tarde, la relación se hace tan dolorosa o frustrante que una u otra de las partes cede, por desesperación o por ira.

La actitud que acabamos de describir puede ser influida de modo más bien fácil, siempre que el solucionador del problema se encuentre dispuesto a abandonar el plano del sentido común y de la razón, y plantee la siguiente pregunta (aparentemente absurda): «¿Por qué tienes que cambiar?» El que se queja está por lo general mal preparado para esta desviación de tipificación lógica. De acuerdo con las reglas de *su* juego se entiende y es indudable que *debe* cambiar y, de hecho, todo su «juego» está basado en esta premisa. La pregunta «¿por qué tienes que cambiar?» no constituye ya, por tanto, una jugada *dentro* de su juego; establece un juego completamente nuevo y ya no se puede seguir jugando al anterior. Así por ejemplo si a un sujeto de 30 años, esquizofrénico pero inteligente, que se ha pasado diez años de su vida en diversos hospitales, se le dice que debe cambiar, que debe liberarse de la influencia de su familia, conseguir un empleo, comenzar a vivir una vida independiente, etc., podrá mostrarse de acuerdo, pero dirá que sus «voces» le confunden y que sencillamente no está todavía listo a abandonar el hospital. Ha escuchado ya con frecuencia estas exhortaciones y sabe cómo rechazarlas. Pero surge una situación muy diferente si se adopta el procedimiento de «¿por qué tienes que cambiar?». En lugar de oponer el sentido común a lo absurdo (un par de contrarios que, unidos, establecen más una persistencia que un cambio), el método elegido consiste en la técnica del judo de utilizar la resistencia del otro: «Ya sé que no debería decirle esto, por lo que pueda usted pensar de un médico que dice tales cosas; pero, en confianza, he de decirle lo que realmente pienso acerca de su situación. En confianza, soy yo el que se debería hacer reconocer mentalmente, no usted. Ha encontrado usted un modo de vida que a muchos de nosotros les gustaría llevar. Cuando me despierto por la mañana, me enfrento con un día en el que la mayoría de las cosas irán mal, con diez horas miserables, llenas de responsabilidades y de problemas. Y usted no tiene siquiera que levantarse si no quiere, pasará el día seguro y sin acontecimientos inesperados y desagradables, le servirán sus tres comidas, seguramente jugará al golf por la tarde y verá una película por la noche. Sabe que sus padres le continuarán pagando la estancia en el hospital y, cuando ellos fallezcan, puede estar usted seguro de que el Estado mirará por usted. ¿Por qué entonces iba a cambiar usted su vida por una tan ajetreada como la mía?» Si este tema se desarrolla lo suficiente bien y se argumenta debidamente, el paciente responderá con algo por el estilo de lo siguiente: «Pero ¡qué tonterías dice usted, doctor! Tengo que salir de este lugar, buscarme un empleo y vivir mi propia vida. Estoy harto de que me llamen "paciente".» El lector debe tener nuevamente en cuenta que no presentamos lo que precede como un «tratamiento» para una «enfermedad mental», sino como ilustración de la técnica del cambio $_2$. Una variante de esta intervención es la pregunta: «¿Cómo podría usted cambiar?»

Siempre que el cambio se muestre lento en aparecer, el sentido común indica que es precisa alguna forma de estímulo o ánimo y quizás un pequeño empujón. De modo similar, cuando aparece el cambio, el mostrar optimismo y animar al sujeto parece que favorecerían un mayor avance. Por lo general, nada más alejado de la verdad. Un cambio incipiente exige una técnica especial para su manejo y el mensaje «¡Ve despacio!» es la intervención paradójica de elección. Así por ejemplo, sería muy contraproducente alabar al paciente anteriormente mencionado por su disposición a marcharse del hospital y enfrentarse con la vida. En lugar de ello, el psicoterapeuta ha de plantear todo género de objeciones pesimistas y de sombrías predicciones, dirigidas todas ellas a advertir al paciente que está considerando su situación con un optimismo alejado de la realidad, que su súbita prisa por emprender una nueva vida tan sólo puede conducirle a una nueva desilusión, que lo que está diciendo no suena espontáneo, sino como si lo hubiese leído quizás en algún libro y que en modo alguno deberá, por ahora, poner en práctica sus proyectos. Se le puede sugerir que a fin de dejar que sus ideas se vayan consolidando en su mente, no debe ni siquiera *pensar* en sus proyectos durante una semana al menos.

La intervención expresada en el «¡Ve despacio!» puede ser fructíferamente combinada con la prescripción de una recaída, sobre todo cuando alguien ha superado por vez primera un obstáculo al parecer insuperable y se halla a un tiempo animado por su éxito, pero temeroso de que se haya tratado de una mera casualidad. Se le puede decir entonces que inevitablemente sufrirá una recaída, pero que ello es de desear, ya que le permitirá comprender mucho mejor la índole de su problema, y que, por tanto, deberá contribuir a provocar dicha recaída, de preferencia antes de la próxima sesión. Dentro del ámbito de esta paradoja del tipo «¡Sé espontáneo!», tan sólo pueden suceder dos cosas. O bien que tenga una recaída, en cuyo caso este acontecimiento será reestructurado como demostración de que posee ahora el control suficiente como para dar lugar deliberadamente a una recaída; o bien no se producirá esta última, lo cual «demuestra» que tiene ahora la suficiente capacidad de control como para evitar deliberadamente su problema. En cualquiera de ambos casos se le dirá de nuevo que vaya despacio.

Otras formas de paradoja poseen una potencialidad igualmente grande para tratar la resistencia al cambio. Ya nos hemos referido a la afirmación del funcionario encargado de un preso en libertad vigilada, y relativa a que este último no había de fiarse nunca completamente de él, ni contarle todo cuanto hacía. Hace muchos años, Aichhorn (4) recomendaba ya como tema de discusión con un delincuente juvenil el «cómo se había dejado coger» y no el «por qué había vulnerado la ley». Otra versión de este tipo de intervención paradójica fue la utilizada con un hombre de mediana edad, sometido a hipnoterapia por unos trastornos del sueño que padecía desde hacía muchos años. A juzgar por todos los signos objetivos parecía entrar en trance bastante rápidamente, pero jamás se le pudo inducir a la más mínima actividad motora (por ejemplo, movimientos de los dedos o levitación de la mano) y al salir del trance hipnótico ponía invariablemente en duda haber pasado por dicho estado, a pesar de sus escleróticas enrojecidas. De modo similar se quejaba, sesión tras sesión, de que su problema de insomnio no había mejorado, si bien su esposa nos informó que dormía bastante profundamente. Se le dijo que, por motivos que resultaban demasiado técnicos para explicárselos en el breve tiempo disponible y con los cuales no estaría probablemente de acuerdo en modo alguno, nunca, bajo circunstancia alguna, nos debía informar acerca de cualquier mejoría de su insomnio, sino sencillamente concluir su psicoterapia «tan rápidamente como fuese posible». Quedó algo extrañado, pero se mostró de acuerdo. Dos sesiones más tarde nos informó de que podía dormir ya un razonable número de horas todas las noches sin necesidad de tomar Seconal, que había estado utilizando durante 19 años, y que ahora podía arreglárselas por sí solo. Nosotros criticamos la ruptura por su parte del acuerdo de *no* informarnos acerca de su mejoría y expresamos cierto pesimismo relativo a la rapidez de tal cambio. Nos volvió a visitar tres meses más tarde, afirmando que durante todo este período había dormido bien sin necesidad de medicación, pero que una reciente dificultad en su trabajo parecía interferir de nuevo con su sueño. Se le impartió un refuerzo y después de esta sesión nos volvió a llamar, para decirnos que había superado la recaída.

Un muchacho había sido expulsado del colegio tras habérsele sorprendido vendiendo barbitúricos en el patio del mismo. Se encontraba preocupado, no tanto por echar de menos el colegio, sino por habérsele estropeado el «negocio». Su preocupación se transformó en intensa ira cuando el director le comunicó que la expulsión «era por su propio bien y para ayudarle». Antes de su expulsión, el director le informó que se le aceptaría cualquier trabajo que realizase en su casa (deberes, preparación de exámenes, etc.) y que se le permitiría a su madre que recogiese en el colegio las tareas a realizar y se las llevase a casa. Ya que el muchacho nunca había sido muy buen estudiante y por otra parte estaba ahora furioso contra el director por su expulsión del colegio, le dijo a su madre que no le daba la gana de hacer ningún trabajo escolar en casa. Fue entonces cuando la madre acudió a nosotros en busca de ayuda.

Esperaba que el psicoterapeuta pudiese hacer que el muchacho fuese a verle y que de algún modo le hiciese aceptar la propuesta del director, pensaba que de tal forma menguarían el enfado y la intransigencia con respecto a los deberes escolares. En lugar de ello, el psicoterapeuta, dándose cuenta de que el enfado del muchacho contra el director representaba un punto de apoyo para verificar un cambio, dio a la madre las siguientes instrucciones: al volver a casa debería decir sencillamente al muchacho que había hablado de la situación con otras madres y que había llegado a una conclusión, pero que no estaba segura de si debería decirle de qué se trataba. Tras vacilar durante un tiempo debía seguir adelante y explicarle a su hijo aquello que había dudado en contarle: el director del colegio daba mucha importancia a la asistencia a clase por parte de los estudiantes, ya que estaba convencido de que un estudiante no podía avanzar sin una asistencia constante, y que probablemente le había expulsado para que fracasase el curso entero. Luego tenía que insistir en que si durante este período de expulsión del colegio, el muchacho realizaba sus deberes tan bien o mejor que si asistiese a clase, el director habría quedado confuso y contrariado al ver que un alumno que no asistía a clase era capaz de igualar o incluso mejorar los resultados de los que asistían. Debía concluir su narración indicando que lo mejor sería que «no lo hiciese demasiado bien» para no dejar así en mal lugar al director. La madre refirió más adelante al psicoterapeuta que su hijo, al oír esto, sonrió con una mueca diabólica y que un fulgor de venganza reblandeció en su mirada. Había descubierto un modo de descargar su odio y le importaba poco que ello exigiese un trabajo duro. En una de las siguientes sesiones, la madre informó de que su hijo se había entregado a sus deberes escolares «con espíritu de venganza» y que había comenzado a obtener mejores calificaciones que cuando asistía al colegio.

¿Qué puede parecer más antiterapéutico y más duro que decirle a alguien que busca ayuda, que su situación es desesperada? Y sin embargo, como sabe el lector, existe un grupo entero de problemas humanos en los que el sentido común, una actitud «humana» de optimismo y de apoyo, no tiene más resultado que consolidar la persistencia del problema. Si prescindimos de nuevo del viejo y fútil sistema de preguntar *por qué* ciertas personas juegan a «ayúdame, pero no te dejaré hacerlo», sino que aceptamos el hecho de *que* existen gentes así, podremos concentrarnos sobre lo *que* están haciendo, *cómo* se ajusta ello a un contexto presente y *qué* se puede hacer al respecto. Un representante típico de esta clase de buscadores de ayuda es aquella persona que viene a psicoterapia con un problema con el cual ha derrotado ya a un impresionante número de expertos. Con estos antecedentes, el psicoterapeuta se da muy pronto cuenta que su cabeza está destinada a ser próximo trofeo a añadir a la colección del paciente y que en tales circunstancias, cualquier manifestación de confianza y optimismo profesionales le haría el juego al paciente, aparte de los motivos «reales» o «subyacentes» de éste. El lema de la psicoterapia en este caso no será «¿cómo puedo ayudarle?», sino «su situación es desesperada». El psicoterapeuta prepara en primer lugar pacientemente esta intervención, informándose de todos los detalles de los anteriores fracasos: a cuántos médicos visitó el paciente, qué intentaron realizar éstos sin lograr éxito, cuántos tests y qué tests se le practicaron, qué clases de medicación, de intervenciones quirúrgicas o de otra clase se le aplicaron, etc. Una vez que ha acumulado una cantidad considerable de información relativa a los fracasos anteriores, enfrenta a su cliente con tan demostrativos datos de un modo tan autoritario, condescendiente y pesimista como sea posible, para concluir comunicando al paciente que sus esperanzas acerca de lo que la psicoterapia puede proporcionarle están por completo fuera de la realidad y que no hay nada que pueda hacerse con respecto a su problema, con excepción quizás de enseñarle cómo vivir adaptándose al mismo. Al hacer esto, el psicoterapeuta cambia por completo las reglas del juego; ahora es *él mismo* el que alega la inutilidad de la psicoterapia y puede hacer tal afirmación más impresionante aún pronosticando, como si en ello le fuese su reputación profesional, que el paciente no cambiará. Así las cosas, le quedan al paciente tan sólo dos alternativas: o bien renunciar para siempre a su juego, o bien proseguirlo, lo cual tan sólo podrá hacer «derrotando» al psicoterapeuta al «demostrarle» que la mejoría *es* posible. En ambos casos, la intervención da lugar a un cambio [2].

Se puede utilizar esencialmente la misma intervención con el típico delincuente juvenil hosco, intratable y recalcitrante. La actitud del psicoterapeuta será similarmente condescendiente y despectiva y sus palabras se basarán en que el paciente «ha nacido para perder» y que por tanto está condenado a «recibir palos»: «Basado en mi larga experiencia con individuos como tú, puedo asegurarte que no pasarán más de tres meses, seis como máximo, hasta que vuelvas a hacer alguna guarrada y te veas otra vez metido en líos. Tus padres están algo anticuados si siguen creyendo que yo o cualquier otro psicoterapeuta puede ayudarte a llevar una vida menos estúpida. Voy a llamarles y a decirles que no tiren su dinero en tratamientos. No me gusta malgastar mi tiempo con sujetos nacidos para perder.» Luego se celebra una entrevista aparte, con los padres y se discute con ellos la mejor estrategia para abordar el problema, en el «lenguaje» que se muestran más dispuestos a aceptar. En las secciones siguientes presentaremos algunas de estas estrategias.

ACUSACIONES IRREFUTABLES Y NEGACIONES INDEMOSTRABLES

Existen situaciones problemáticas en las que una de las partes acusa a la otra de ciertas acciones de las que no existe evidencia directa, pero con respecto a las cuales la parte acusada ha adquirido una reputación en el pasado. Este género de problema puede presentárseles, por ejemplo, a psicoterapeutas o funcionarios encargados de vigilar a delincuentes juveniles, que trabajen con las familias de estos últimos, o bien puede darse en matrimonios en los que un esposo acusa al otro de beber en exceso.

El prototipo de la situación viene a ser el siguiente: fundándose en un pasado de «maldad» (que el «acusado» ha admitido como cierto), el «acusador» sospecha que el acusado está volviendo secretamente a las andadas. A esta sospecha, el acusado responde negando los cargos. La situación se acentúa cuando el acusador presenta «pruebas», como por ejemplo: «la otra noche se te trababa algo la lengua al hablar, tenías los ojos muy cargados, casi no te tenías de pie, etc.» o bien, en el caso de una delincuente juvenil: «Te pusiste colorada cuando te pregunté si habías tenido relaciones sexuales con tu chico» o «Te fuiste derecho a tu cuarto cuando volviste a casa» o «Estabas de mal humor», etc. Al ser confrontado con esta vaga «prueba» el acusado se pone furioso y se defiende con más vigor, convenciendo así al acusador de que tales protestas demuestran más aún la culpabilidad. Las cosas pueden llegar a un punto tal que

176

el acusado se marche de casa, o se tome una copa, y ello puede ser utilizado entonces por el acusador como una prueba tangible adicional de que sus sospechas estaban justificadas desde el principio. Cuando el acusado es traído a tratamiento, el acusador está plenamente convencido de los «hechos» y el acusado se siente ineludiblemente frustrado. En nuestra opinión tiene una importancia secundaria comprobar la autenticidad de los hechos. Por una parte, ello es casi imposible. Pero es más importante que, cualquiera que sea el grado en el que el acusado haya incurrido en alguna forma de comportamiento inaceptable, el método del acusador para hacerle frente tan sólo puede perpetuar y exacerbar el problema. ¿Pero qué sucede si el acusado se está realmente comportando bien? ¿Cómo puede convencer a su acusador, el cual está convencido de que la verdad es muy otra?

La intervención que con frecuencia puede cortar rápidamente tal círculo vicioso de acusaciones irrefutables y de negativas indemostrables exige que ambas partes estén presentes en la sesión. El psicoterapeuta evitará entrar en cualquier discusión acerca de la validez de la acusación o de la defensa. Eludirá esto último afirmando que, puesto que no estaba allí, no le es posible juzgar los «hechos». Sin embargo, hará observar que puesto que el acusado ha admitido un comportamiento similar en el pasado, el acusador puede, en último término, tener cierta razón. Habiendo reconocido esto, da un paso más indicando que, si bien el acusador cuenta con ciertas pruebas, puede no haber sido lo bastante perspicaz para observar más hechos y que su tarea inmediata, por tanto, habrá de consistir en afinar su percepción, pero que esto requiera la «ayuda» del acusado. Si el problema consiste en la bebida, el acusado recibirá instrucciones en el sentido de no beber durante un día, pero hacer cuanto le sea posible para aparentar que está borracho y beber considerablemente otro día, pero esforzarse por parecer lo más sobrio posible. Se le advierte también que debe hacer esto más de una vez y de un modo irregular. El cónyuge al intentar establecer el diagnóstico correcto podrá verificar la exactitud de su percepción.

En el caso de los padres que acusan a su hijo, menor de edad, de llevar secretamente una conducta irregular, se le da a este último, en presencia de sus padres, una breve lección sobre la «madurez», insistiendo en el hecho de que uno de los aspectos de esta última consiste en «hacer las cosas con arreglo al propio criterio». A fin de desarrollar esta forma de madurez, se le dice que durante la próxima semana haga una o más cosas que puedan gustarle a sus padres y darles satisfacción, pero sin decirles nada al respecto. Se instruye a los padres, a su vez a que «ayuden» a su hijo en la tarea de mantener tales actos en secreto con respecto a ellos, procurando sonsacarle algunos detalles sobre dichos actos. Si al hijo le parece que sus padres le presionan demasiado, puede en último término decir una mentira declarando haber cometido alguna mala acción.

Como puede apreciar el lector, esta intervención abre el callejón sin salida que la familia ha creado con su comportamiento destinado a «solucionar el problema». No pueden continuar jugando al mismo juego de antes, ya que la tarea del acusador consiste ahora en descubrir si y cuando el acusado se está comportando *bien,* mientras que el acusado no tiene ya motivo alguno para ofrecer negativas indemostrables.

SABOTAJE BENÉVOLO

Se trata de una intervención eficaz en el tratamiento de otra típica y monótona crisis que se da entre padres y sus hijos menores de edad y rebeldes (si bien es también aplicable a otras situaciones en las que una de las partes se esfuerza intensa, pero inútilmente, por ejercer algún control sobre el comportamiento de la otra). En la mayoría de los casos, el problema es fácil de definir: el muchacho o la muchacha no obedece, no estudia ni tiene su cuarto ordenado; o bien es brusco, desagradecido, llega tarde a casa, fracasa en el colegio, se rodea de malas compañías, probablemente consume drogas, está a punto de entrar en conflictos con la ley o ha incurrido ya en ellos, etc., etc. La situación, por lo general, se repite de un modo estereotipado. La transición que se verifica en un adolescente desde la niñez a la vida adulta, es uno de los varios períodos de cambio en las familias que exigen correspondientes cambios en cuanto a las normas de sus relaciones mutuas, es decir, cambio $_2$. Simplificando mucho esto último, mientras que a un niño de ocho años de edad puede bastar con decirle: «Harás lo que te digo, o de lo contrario...», puede ocurrir que el adolescente de catorce años replique: «¿O de lo contrario, qué?» y los padres tienen entonces que apelar al viejo repertorio de sanciones que ya hace años perdieron su eficacia. El sentido común y la receta de «más de lo mismo» del cambio $_1$ tan sólo conducirán entonces a un callejón sin salida, en el que cuanto más cambien las cosas, más continuarán siendo las mismas. Los padres, por ejemplo, pueden intentar primeramente razonar con el menor, pero esto fracasa, ya que las premisas de su razonamiento son diferentes; entonces impondrán algún castigo leve; el hijo se rebelará con éxito; entonces impondrán más sanciones, las cuales (en virtud de la propiedad *d* del grupo) tan sólo sirven para provocar más rebeldía, y finalmente la policía y las autoridades que se ocupan de menores serán llamadas para enfrentarse con lo que ya parece un comportamiento claramente recalcitrante e incontrolable[2]. Está bastante claro que son las soluciones intentadas quienes crean y mantienen el problema, pero este hecho permanece velado dentro de la ceguera interpersonal tan típica en los conflictos humanos. Los padres no se atreven a relajar su presión, ya que «saben» que el comportamiento de su hijo se les escaparía entonces por completo de las manos; para el hijo, por otra parte, la rebelión es el único modo de asegurarse la supervivencia psicológica contra aquello que, en su opinión, es la amenaza de las constantemente crecientes exigencias paternales. El resultado es un típico problema de *puntuación,* como lo describimos brevemente en el capítulo II en relación con la propiedad *b* de grupo. Al observador exterior no le cabe duda de que si una de las partes quisiera hacer *menos* de lo mismo, la otra seguiría inmediatamente.

---

2 Todos aquellos que trabajan con delincuentes juveniles saben que las posibilidades con las que cuentan dichas autoridades son tan limitadas como las de los padres, y que el joven se da cuenta muy pronto de que se trata de otra serie de «tigres de papel».

A este fin, se instruye a los padres para utilizar un sabotaje benévolo. Éste consiste en adoptar una posición basada en admitir francamente ante el hijo que son incapaces de controlar su comportamiento. «Deseamos que estés en casa a las once, pero si no estás a esa hora no podemos hacer nada»; he aquí uno de los posibles mensajes. Dentro de esta nueva estructura, el adolescente se da cuenta rápidamente de que su actitud de defensa y desafío carece ahora de sentido. No resulta fácil desafiar al débil. Se indica luego a los padres que cierren todas las puertas y ventanas de la casa a las once, y que se acuesten, de modo tal que cuando el chico llegue a casa no pueda entrar y tenga que tocar el timbre o golpear la puerta. Luego le han de dejar fuera durante un buen rato, hasta abrirle la puerta, pero no sin preguntar medio dormidos y repetidamente, que quién es. Una vez le hayan abierto, le dirán que sienten haberle dejado fuera tanto tiempo y se volverán a la cama sin preguntarle, como de costumbre, dónde ha estado, por qué vuelve tan tarde, etc. A la mañana siguiente no se referirán para nada a lo sucedido, a no ser que *el hijo* lo haga, en cuyo caso adoptarán de nuevo una actitud de disculpa por haberle hecho esperar tanto hasta abrir la puerta. A cada fechoría de su hijo, tienen que responder tan pronto como les sea posible con algún acto adicional de sabotaje: si el hijo no hace su cama, la madre la hará por él, pero picará unas cortezas de pan y se las meterá entre las sábanas. Cuando él se queje, admitirá que estaba comiendo pan mientras le hacía la cama y que siente lo ocurrido. Si no guarda nunca bien su ropa, la madre cometerá otro error tonto («No sé qué me pasa estos días que hago una tontería tras otra») y le almidonará la ropa interior o le echará sal en lugar de azúcar en su postre favorito, o bien y como por casualidad, durante la cena le echará encima un vaso de leche cuando se haya arreglado para ir a alguna cita. En ningún momento deben mostrarse los padres sarcásticos o punitivos acerca de tales actos de sabotaje, sino disculparse siempre por ellos.

La tarea de hacer aceptar esta prescripción de comportamiento para con el hijo resulta más fácil en aquellos padres que están furiosos con la conducta del adolescente y que por tanto se muestran dispuestos a llevar a cabo la prescripción para «pagarle en la misma moneda». Pero como puede imaginar el lector, otros padres (y especialmente madres) muestran diversos grados de repugnancia a realizar o incluso a tener en cuenta un plan así. La falta de ganas de «simular», de «jugar a», es aquello con lo que tropezamos con más frecuencia, acompañado por protestas como la siguiente: «No me es posible ser tan vil para con él.»

Así, antes de mencionar siquiera esta intervención, hemos de tener una idea clara del «lenguaje» en que hemos de presentarla. Si los padres se muestran partidarios de la negativa utopía de considerar la vida sembrada de problemas que exigen un constante sacrificio por su parte, se les puede decir que la conducta que se les exige puede representar para ellos un difícil sacrificio, pero su deber de padres exige su cumplimiento. En el caso de padres con una mentalidad más «militar» puede resultar útil mencionar al sargento instructor «blando», quien desea ser considerado «bueno» por los reclutas pero que como resultado de tal «bondad», los soldados llegarán mal preparados al frente y quedarán muy pronto diezmados, mientras que el entrenamiento a que somete a sus reclutas un instructor «duro», probablemente le acarreará el odio de aquellos, pero supondrá una excelente probabilidad de sobrevivir en combate. Una argumentación similar se puede utilizar con aquellos padres que desean el cariño de sus hijos y que por ello temen ser «malos» con ellos. Se les puede criticar por querer hacer tan fácil la educación de los hijos para ellos mismos, pero a expensas de éstos. Otros, a su vez, se muestran más dispuestos a aceptar la mencionada tarea si se les explica que una de las más importantes lecciones que tiene que aprender un adolescente es la de que una mano lava a la otra, y que su hijo no se ha dado probablemente cuenta de lo mucho que les exige sin darles nada o muy poco a cambio.

Desde luego se ha de prestar siempre gran atención a la medida en que los padres acepten colaborar conjuntamente en la tarea. Si existen más bien escasas perspectivas de cooperación, se puede inferir una prescripción dentro de la prescripción principal y se les puede decir, por ejemplo, que el más débil de ellos, sin darse cuenta, hará probablemente algo para poner en peligro las posibilidades de éxito, pero que es imposible decir de antemano cuál de ambos se mostrará el más débil.

Gran parte de la eficacia del sabotaje benévolo reside en un doble proceso de reestructuración: le quita al adolescente las ganas de rebelarse, ya que no le deja mucho motivo para ello, y virtualmente invierte la dinámica de la interacción familiar. En una familia típica en la que existe un delincuente juvenil, los padres son abiertamente punitivos y represivos, pero ocultamente permisivos y seductores. El sabotaje benévolo da lugar a una situación en la que se vuelven abiertamente permisivos y desvalidos, pero ocultamente punitivos, y ello de un modo contra el cual el adolescente no puede rebelarse. En lugar de lanzar vanas amenazas, de utilizar razonamientos y exhortaciones, los padres asumen un modo tranquilo, pero mucho más poderoso de manejar a su hijo. Este cambio impide una «solución» inútil que contribuía a mantener el problema.

LOS BENEFICIOS DE LA FALTA DE ATENCIÓN

El grado de atención que una persona está dispuesta a prestar a otra es un importante elemento de la naturaleza de su relación y puede llegar a convertirse fácilmente en fuente de problemas. Pero atención y falta de atención son, a su vez, otro par de contrarios que, combinados, dan lugar invariablemente al miembro de identidad y por tanto a un cambio $_2$ igual a cero. Dentro de este contexto, como en ejemplos análogos anteriormente citados, la solución exige un desplazamiento a una premisa que aparentemente va en contra de todo sentido común. He aquí un ejemplo:

Una joven y entusiasta maestra tiene dificultades con un así llamado estudiante-problema. Mientras que el resto de la clase parece beneficiarse de sus enseñanzas, dicho niño (de ocho años de edad) no progresa nada. La maestra avisa a los padres para que vengan a hablar con ella y averigua que el niño procede de un matrimonio separado, que la madre trabaja y tiene poco tiempo para atender a su hijo, el cual lleva en su casa una vida más bien solitaria. Teniendo en cuenta estos hechos, la maestra decide hacer cuanto puede para compensar tal déficit en la vida del niño, prestándole un máximo de atención. Pero cuanto más lo intenta, menos resultados logra, y ello hace que lo intente más enérgicamente aún. La situación llega a transformarse en un callejón sin salida, en el que no solamente descienden hasta un mínimo los resultados escolares del niño, sino que la maestra comienza a dudar de su propio valor profesional. Sospecha que su nerviosismo tiene algo que ver con el problema y con un típico sentido común intenta «sobreponerse».

A partir de su descripción se desprende bastante claramente que su modo de resolver el problema, es decir, su prestación de una cantidad extraordinaria de atención y ayuda a este niño, ha convertido la dificultad inicial en un problema, y actualmente lo perpetúa. La maestra, desde luego, no se da cuenta, en principio, de esto; con arreglo a su sentido común y a lo que le han enseñado sus cursos de psicología, piensa que el problema reside en las condiciones existentes en el hogar del niño, en su desdichada situación personal, etc., y lo que ella intenta es, desde su punto de vista, el modo correcto de abordar el problema.

Es precisa una buena dosis de reestructuración para lograr que cese de intentar «más de lo mismo», es decir: que cese de aislar o discriminar al niño con su atención, y para que le trate más o menos del mismo modo que al resto de la clase. Casi inmediatamente, el niño comienza a intentar llamar la atención de la maestra, primeramente por medio de algunas pequeñas molestias (que se le ha recomendado ignorar) y muy pronto mediante un mejoramiento de sus resultados escolares (que se la ha recomendado premiar mediante un reconocimiento y alabanza inmediatos).

Aun a riesgo de incurrir en repeticiones, deseamos señalar aquí nuevamente que en este caso nos preguntamos *qué* era lo que estaba sucediendo ahora y aquí, y no *por qué* se estaba comportando el niño del modo mencionado, *por qué* la maestra eligió dicho modo de tratar al niño y luego hizo lo que hizo, etc.

Hemos encontrado que el mismo principio de actuación resulta útil para tratar a menores que se escapan de su casa. En la mayoría de los casos, los padres se muestran comprensiblemente preocupados por la desaparición de su hijo, pero también reacios a avisar a las autoridades y emprender los trámites correspondientes; sobre todo si no es la primera vez que ocurre y las fugas anteriores fueron relativamente innocuas. Pero, sin llegar a denunciar oficialmente la fuga de su hijo, los padres hacen todo lo posible por averiguar su paradero. Si se puede persuadir a los padres de no hacer absolutamente nada para buscarle, ni siquiera preguntar a sus amigos, ni intentar saber de él a través de intermediarios, etc., las probabilidades de que el fugitivo desee volver a establecer contacto con ellos muy pronto son por lo general excelentes. Cabe preguntar, desde luego, cómo podemos saber que lo mismo no hubiera sucedido tras haber emprendido los padres, más o menos pronto, una búsqueda. Todo lo que podemos decir es que, a partir de nuestras entrevistas con estos menores, tenemos razones para creer que dan gran importancia al grado de atención que se presta a su huida y que, en consecuencia, la ausencia de noticias acerca de dicha atención constituye una poderosa razón para restablecer el contacto con sus padres, mientras que el saber que se es objeto de una ansiosa búsqueda les hace prolongar una situación que, después de todo, no es sino una variante de su típico «juego» con sus padres.

Una deliberada falta de atención, destinada a lograr atención constituye el núcleo de una historieta del humorista vienés Roda Roda. Los oficiales jóvenes de un regimiento de caballería austríaco, de guarnición en una pequeña y desolada ciudad de Galitzia, vislumbran un solo rayo de esperanza en su monótona rutina militar: la cajera del único café de la ciudad, una joven encantadora y muy atractiva. Sentada tras su caja registradora, sitiada por una multitud de oficiales que la cortejan fogosamente, rechaza coquetamente todas sus proposiciones. El protagonista de la historia está desesperadamente enamorado de ella, pero sabe que difícilmente puede competir con sus compañeros, los otros oficiales. Así pues, adopta una deliberada estrategia de falta de atención: permanece sentado solitariamente en su mesa, vuelto de espaldas a la joven, hasta que al abandonar el café paga su cuenta con estudiada indiferencia. Ello le convierte en el único oficial que no la corteja y, siendo como es la naturaleza humana, despierta enormemente el interés de la chica, de modo tal que finalmente es ella la que va tras él, para asombro de sus camaradas, quienes habían ensayado todo género de seducciones, viendo al final cómo su compañero, que no había hecho «absolutamente nada», era quien obtenía el premio.

Hace años, un uso similar, si bien a la inversa, de atención y falta de atención, formaba parte de la rutina de los noviazgos dentro de la tradición familiar en el este de Europa. Los matrimonios eran arreglados por los padres y, como se comprende, su elección rara vez despertaba gran entusiasmo por parte de los dos futuros esposos. En tales casos, los padres se servían por lo general de los servicios de un casamentero profesional, el cual procedía del modo siguiente: primero visitaba aparte a uno de ambos prometidos, por ejemplo al novio, y le preguntaba si se había enterado de cómo ella le observaba cada vez que él no la miraba. Ya que la respuesta solía ser negativa, le decía que vigilase atentamente, si bien, desde luego, de un modo discreto, y se daría cuenta por sí mismo. Luego hacía lo mismo con la futura novia y así los dos jóvenes acababan interesándose muy pronto el uno por el otro.

Problemas con los estudios

Los esfuerzos realizados por los estudiantes para cumplir con sus deberes universitarios son frecuentemente de una índole típicamente contraproducente y el ejemplo que incluimos a continuación es representativo, *mutatis mutandis,* de un grupo entero de problemas similares.

Un joven inteligente, que estaba estudiando para lograr su licenciatura, tenía especiales dificultades cuando había que redactar trabajos y se aproximaba la fecha de su presentación. Por temor a la tarea a realizar, la iba posponiendo hasta el último fin de semana, se levantaba temprano el sábado, y luego se sentaba ante su mesa de trabajo, con la mirada fija en un montón de cuartillas y seis lapiceros bien afilados, pero incapaz de escribir ni la primera frase. Con excepción de unas pocas horas de sueño intranquilo en la mañana del domingo, su agonía continuaba e iba en aumento hasta muy tarde en la noche del domingo, cuando sumido en una profunda desesperación, pergeñaba una especie de breve ensayo, copiado en parte de libros de texto, y lo presentaba en la mañana del lunes, en que expiraba el plazo. Cada vez que hacía esto se hallaba convencido de que recibiría una mala calificación, pero por lo general, y siempre para sorpresa suya, su trabajo era aprobado. De modo típico, lo atribuía a algún extraño error o bien al hecho de que el profesor le quería lo bastante como para cerrar los ojos y dejar pasar su deplorable producción. Llegó un momento en que lo único que precisaba para obtener su título eran dos trabajos. Ya que era un típico ejemplo del viajero que encuentra que «es mejor viajar lleno de esperanza que llegar», cayó en una angustiosa orgía de demoras. Cuando nos refirió su problema, había obtenido ya dos prórrogas de la fecha de presentación y no tenía esperanzas de obtener una tercera. A partir de anteriores contactos con él sabíamos que se estaba imponiendo utópicas exigencias acerca de la calidad de su obra, viéndose luego forzado a la demora como la única táctica de evitación que se le ofrecía. Le era particularmente difícil comenzar a escribir, debido a que, redactase como redactase la primera frase, no la consideraba jamás lo suficientemente buena y ello le impedía pensar siquiera en la segunda. La sugerencia más obvia era la de escribir dichos dos trabajos de un modo que le sirviese estrictamente para pasar su examen, pero rechazó esta solución de plano. La idea de producir algo mediocre, a propósito, le parecía inaceptable, si bien tuvo que admitir que el resultado final de su intensa labor era de todos modos bastante mediocre, por lo general. Pero —y ello constituía para él la diferencia esencial— por malo que fuese, constituía después de todo el resultado de una dolorosa, honesta y dura labor. Sin embargo, era ya viernes por la tarde y sabía muy bien que para el lunes por la mañana, ambos trabajos no estarían preparados sí seguía su procedimiento habitual. Eventualmente se mostraba dispuesto a establecer un compromiso: escribir un trabajo a su modo y por lo que al otro se refería, iba a hacer el máximo esfuerzo por redactar lo suficiente mal como para obtener la nota mínima para aprobar. Se comprometió sobre todo a no cambiar la primera versión de la primera frase bajo ningún concepto, y a introducir deliberadamente algunos errores en la redacción si al volver a leer el trabajo le parecía demasiado bueno como para una nota mínima.

El lector ya puede imaginarse el resto de la historia. En la sesión siguiente informó de que había escrito primeramente «nuestro» trabajo en menos de dos horas, y a continuación se había puesto a realizar «el suyo», que le ocupó prácticamente todo el fin de semana. Cuando le fueron devueltos los trabajos, una vez calificados, tenía una nota mínima en el «suyo» y una buena calificación en el «nuestro». Quedó visiblemente turbado y se preguntaba en qué clase de mundo vivía donde tal cosa podía ocurrir. Como puede verse, en este caso la reestructuración fue debida en su mayor parte a las circunstancias de la situación misma; el inexorable paso del tiempo le forzó sencillamente a abandonar su premisa y nosotros utilizamos tal estado de apremio, además de respetar su necesidad de hacer las cosas lo más difícilmente posible. Desde luego, habría sido menos doloroso para él que hubiésemos logrado reestructurar el problema de un modo más acorde y por lo tanto menos amenazador para su sistema de valores y su concepción de la vida. Mas incluso así, tal experiencia le enseñó, para emplear las palabras de Wittgenstein, un juego diferente en lugar del propio, ya que no pudo continuar jugando ingenuamente este último. En esta sesión tuvo por tanto lugar un cambio persistente, logrado mediante tan sólo un tratamiento de la «cima del iceberg», es decir, sin *insight* alguno en los motivos y el origen de su perfeccionismo.

Otro modo de enfrentarse con este problema de aplazamiento angustioso, con fútiles esfuerzos de concentración para estudiar, es el de establecer un *límite de tiempo*. Así por ejemplo, se le pregunta al estudiante el tiempo que puede razonablemente tardar en aprender una lección; digamos, por ejemplo, las nueve de la noche. Luego se le hace prometer que si no termina de aprender la lección a las nueve en punto, quedará libre para hacer lo que quiera *con excepción* de continuar estudiando. Esta prescripción reestructura el tiempo libre como castigo y con aquellos estudiantes que tienden a pensar en términos de premio y castigo, no es preciso por lo general dar ninguna otra explicación.

Otra técnica útil es también la *vinculación* de dos problemas, uno de los cuales se prescribe como «castigo» del otro. Así por ejemplo, si un estudiante tiene dificultades tanto con el estudio como con quedar citado con chicas, se puede obtener un cambio en ambas áreas prescribiendo que si fracasa en cumplir una exigencia determinada en cuanto a sus estudios, tiene que aceptar llamar al día siguiente a una chica para quedar citado con ella. El unir problemas de este modo es asimismo el método de elección en muchos otros aparentes callejones sin salida que se dan en las relaciones humanas.

TRATANDO UTOPÍAS

El sentido común indica que el mejor modo de enfrentarse con problemas surgidos de la imposición de metas exageradas es señalar sus aspectos impracticables y absurdos, con la esperanza de que el sujeto se dé cuenta de los mismos. Como es casi siempre la regla en los problemas humanos, las soluciones dictadas por el sentido común son las más contraproducentes y en ocasiones, incluso, las más destructivas. Tratar de inyectar «realidad» en utopías establece y mantiene un callejón sin salida mediante la introducción del miembro recíproco (es decir: sentido común contra utopismo). El resultado es una invariación del grupo, ya que, parafraseando a Lao Tse, podemos ver tan sólo al sentido común como tal porque existen utopías.

Esta interdependencia del sentido común y las utopías se hace especialmente evidente cuando nos enfrentamos con ideas de proporciones psicóticas. El paranoico lleno de sospechas patológicas no se tranquiliza lo más mínimo con las tentativas de convencerle de que no tiene nada que temer: «si no tuviesen intención de lastimarme, no intentarían tanto tranquilizarme», es su reacción típica, y aquí también más de lo uno da lugar a más de lo otro.

De modo semejante, una persona que se plantea en la vida metas demasiado sublimes no tendrá en cuenta ninguna tentativa de convencerla para que adopte proyectos más realistas. Para ella, tales consejos no son sino una invitación a resignarse a un modo de vida miserable y deprimente; por tanto, el lenguaje del sentido común resulta el menos adecuado para obtener éxito en estos casos. Lo único que tal persona comprende, pero demasiado bien, es el lenguaje de la utopía. Desde luego la idea de fomentar, en vez de combatir, aquello que precisa ser cambiado, resulta chocante para el sentido común. Pero ya hemos visto que el modo de abordar a un pesimista consiste en enfrentarle con un pesimismo más acentuado aún y, de modo asaz análogo, el que alberga utopías renunciará por lo general más pronto a las mismas si éstas son llevadas más allá de sus propios límites. Los siguientes resúmenes de una entrevista con un estudiante de 29 años muestran esta forma de intervención. (No creemos preciso señalar que lo que sigue no es un informe completo de un caso, ni la intervención una «cura» de la esquizofrenia.)

El paciente informó que acababa de ser dado de alta de un hospital provincial. Había sido ingresado en él tres semanas antes a causa de un estado psicótico agudo:

«Yo tenía tantas alucinaciones... se me escapaban de las manos. El coche se convertía en una nave espacial y el escenario se transformaba como en algo de hace un centenar de años y todo parecía la continuación de... todo parecía la reconstrucción artificial del mundo.»

Tras habérsele preguntado lo que se proponía hacer entonces, nos presentó un plan más bien grandioso. No sólo deseaba ir a Los Ángeles para aprender a tocar el *sitar* bajo la dirección de Ravi Shankar, sino que esperaba que esta música fuese el medio con el que influiría sobre el mundo occidental. Al mismo tiempo deseaba también estudiar agricultura, a fin de utilizar métodos agrícolas chinos para alimentar a las masas hambrientas del mundo. Cuando el psicoterapeuta se mostró en principio de acuerdo con estos objetivos, pero no los encontró lo bastante grandiosos, el paciente comenzó a hablar de un plan mucho menos ambicioso: ingresar en un sanatorio de readaptación[3], pues durante los dos últimos años había estado muy introvertido y precisaba de cierto *feedback* social para salir de la profunda sima de su mundo interior. El psicoterapeuta encontró que esta idea era más bien mezquina. Dijo al paciente:

«Si podemos hacer algo aquí, en diez sesiones, debemos intentar al menos poner en claro qué valdría la pena llevar a cabo, tanto desde el punto de vista de ser útil al mundo, como para mostrar que usted ha realizado algo valioso. Se trata, en suma, de hacerse una idea sobre qué dirección hay que tomar.»

En su respuesta, el paciente continuó manteniendo sus puntos de vista grandiosos, pero comenzó a hablar de manera más realista acerca de lo que podía hacer ahora:

«La única dirección que puedo ver, sabe usted, hay esas grandes masas enormes de humanidad, no puedo apartar de mi mente la oriental ... las dos tradiciones orientales de Mao y... y la que en último análisis veo en el hombre, y la última cosa hindú ahora es la música de Ravi Shankar, debido a que es la manifestación más etérea aparte de la meditación auténtica. Y luego, cuando Mao Tse Tung se está ocupando de la agricultura y de la reforma agraria y los dos... en mi mente los veo a los dos como grandes bloques y lo del sanatorio de readaptación es la única cosa en la que puedo pensar. No puedo ver más que estas dos salidas ahora: músico en Los Ángeles o pensionista en un sanatorio en algún sitio de Santa Cruz.»

A los pocos minutos volvió a repetirse el mismo patrón de interacción, pero esta vez el paciente terminó por describir sus dificultades en un lenguaje más corriente:

3. Cabe denominar así una *half-way house* de EE.UU. en que los enfermos mentales, dados de alta (y a veces incluso reclusos que han cumplido la pena de reclusión penitenciaria) hallan facilidades de readaptación a una vida normal en sociedad. En tal sentido, estos centros sanitarios están «a medio camino» (*half-way*) entre el hospital y la vida independiente en el mundo exterior.

PSICOTERAPEUTA:

«Eso es todo lo lejos que puede ir usted con su pensamiento. Hasta ahora, sus ideas acerca del sanatorio de readaptación o de la escuela de música son más bien concretas y prácticas. Todo eso está muy bien, pero concentrándose tanto en lo práctico impide a su imaginación elevarse a un nivel más alto y pensar en términos más amplios y comprensibles.»

PACIENTE:

«Cada vez que me elevo a un nivel más alto, es más abstracto. Lleva tiempo y yo no lo tengo —se me ha acabado ¿sabe usted?— esos grandes problemas prácticos me agobian ¿sabe usted? No tengo dinero y tengo que encontrar algo inmediatamente; ese es el problema.»

Usando dicha técnica de un modo consecuente, el psicoterapeuta fue capaz de ir llevando el diálogo paulatinamente hacia niveles más prácticos[4].

EL PACTO CON EL DIABLO

Para muchas personas, su problema es sencillo; demoran el realizar una acción necesaria que suponga ciertos riesgos e inconvenientes. Recordemos, a modo de ejemplos, el ingeniero sin empleo que se angustia cuando tiene que acudir a entrevistas para solicitar puestos de trabajo, o el joven que es demasiado tímido para aproximarse a las muchachas.

Su problema se complica cuando intentan alcanzar su objetivo de un modo que no suponga riesgo y su actitud se vuelve entonces excesi-

---

4. Por motivos técnicos, solo pudimos visitar al paciente durante tres sesiones. En una entrevista celebrada cuatro meses más tarde afirmó que en lugar de haber iniciado su carrera musical, se había matriculado en un «college» estatal y estaba trabajando para obtener el título en Filosofía. Afirmó que esto le proporcionaba una base más racional y concreta que estudiar música. Continuaba teniendo alucinaciones, pero ahora no les prestaba atención; para él «no tenían sentido y eran triviales».

vamente cauta. Los amigos o los socios agudizan involuntariamente el problema al animarles y urgirles que «den el paso». Por lo general lo hacen de un modo destinado a inspirar confianza al sujeto, señalándole que no hay nada que temer, que se trata de algo que puede hacer perfectamente, etc. Este bien intencionado modo de animar al sujeto es por lo general interpretado por éste como un no tener en cuenta su ineptitud o el riesgo auténtico de fracaso y rechazo implicado en la acción. En todo caso, si se le dice «ya verás como lo puedes hacer», aumenta su miedo al fracaso.

Cuando alguien de estas características comienza la psicoterapia, está plenamente absorbido por un dilema: aquello que desea alcanzar es para él lo más importante y urgente, ya que se le está acabando el tiempo, el dinero, etc., y ya que la urgencia es tan grande, lo más importante de todo es que no haya riesgo alguno de fracaso que ponga en peligro la eventual acción a emprender. Si el psicoterapeuta se deja captar también por tal dilema, dará consejos acerca de cómo el paciente puede superar su ansiedad y emprender los pasos necesarios. El paciente, tras escuchar atenta y amablemente estos consejos, los rechazará como impracticables, o bien afirmará que no tendrá oportunidades para llevarlos a buen fin o dirá que ya los ha intentado antes, sin resultado y por tanto ¿para qué repetir algo que está seguro que va a fallar? Pero a cada rechazo, sin embargo, retorna por lo general a una petición directa o indirecta de que el psicoterapeuta le aconseje otra cosa, y así se va repitiendo el ciclo. Una psicoterapia así termina con frecuencia cuando el paciente, habiendo agotado las posibilidades del psicoterapeuta, anuncia que el tratamiento no le sirve para nada y que será mejor ir a ver a otro especialista o hacer otro género de psicoterapia. (Es un hecho corriente que estos pacientes hayan pasado por diversos tratamientos de distintas clases y de breve duración.)

El «pacto con el diablo» es una maniobra que permite al psicoterapeuta abordar el dilema atacándole por completo de flanco y, paradójicamente, invirtiendo la cuestión del riesgo. Ya que el paciente no puede negar su actitud precavida, y ya que es evidente que su problema no ha experimentado modificación alguna en otros tratamientos psicoterápicos anteriores, se le dice que existe un plan que hará muy probable el logro de su objetivo, pero que seguramente lo rechazará si se le presenta meramente como otra sugerencia, y por ende tan sólo le será revelado si primero promete llevarlo a cabo sin tener en cuenta lo difícil, inconveniente o irracional que parezca. Sin darle detalles, tan sólo se le dice que la ejecución del plan está dentro de sus posibilidades y capacidad y que no será ni peligroso, ni caro. Para motivar más la aceptación por parte del paciente, se le dice: «Si tiene usted todas las posibles respuestas a su problema, no me necesita realmente, pero si no cuenta usted con tales respuestas, necesita mi ayuda, y yo creo que tan sólo se la puedo prestar de este modo.» En este momento, el cliente pedirá alguna explicación para averiguar los riesgos implicados en dicho plan, antes de aceptarlo, pero el psicoterapeuta mantendrá su postura del principio de «no dar detalles antes de que se comprometa a cumplirlo». Ya que el paciente tiene por lo general cierta urgencia en cuanto a tiempo, esto puede utilizarse diciéndole: «Ya me doy cuenta que le estoy exigiendo mucho, como si me tuviese que dar usted un cheque en blanco. Creo que resultaría adecuado que lo pensara detenidamente antes de decidirse y que me diera su respuesta la semana próxima.» Se le dirá que si su respuesta es negativa, se considerará concluido el tratamiento.

Esta maniobra coloca al paciente en una curiosa posición: tan sólo puede responder «sí» o «no». Si dice «no», sin saber qué es lo que está rechazando, excepto que se trata de algo que probablemente le sacaría de apuros, está forzado a adoptar una decisión. Además, se ve entonces obligado a reconocer, por el mero hecho de su elección negativa, que su problema no es tan importante o urgente, en cuyo caso carece de importancia más psicoterapia o buscar más consejos de amigos. Si acepta, se compromete a seguir una orden de otra persona sin ninguna oportunidad de examinarla primeramente mediante la razón y la lógica. Así, al aceptar o al rechazar este «pacto con el diablo», está asumiendo un riesgo al menos igual al involucrado en cualquier acción referente a su problema, ya que se ha puesto a ciegas en manos de otra persona. Una vez que ha consentido en esto último, no hay mucha diferencia si el plan supone una aproximación más segura y gradual a la situación de riesgo, o si se trata de alguna acción más drástica o muy diferente, ya que el mero hecho de aceptar el plan, consistente en hacer cuanto se le ordene, representa ya un cambio con respecto a su actitud original de «sobre todo, cautela».

El «pacto con el diablo» es un ejemplo especialmente claro, mediante el cual podemos resumir de nuevo nuestra teoría del cambio: mientras que el paciente y el psicoterapeuta permanezcan dentro de la trampa creada por el primero, el problema persistirá. Dentro de dicha trampa se puede intentar muchas soluciones distintas, pero todas ellas conducen invariablemente al mismo resultado: un cambio $_2$ igual a cero. Dentro de dicha trampa, la pregunta: «¿qué otra cosa puede hacer el paciente?» tan sólo conduce a acentuar el problema que se supone hay que resolver y crea un juego sin fin. El «pacto con el diablo», por otra parte, ataca la *trampa* misma, es decir: a la clase, y no a los miembros de ésta. Sustituye el viejo juego por otro nuevo, en el cual se ha de asumir un riesgo, si bien este último consiste solamente en rechazar el pacto.

XI. UN HORIZONTE MÁS AMPLIO

A lo largo del presente libro hemos intentado demostrar que nuestro enfoque de la formación y solución de problemas no está en modo alguno limitado a casos clínicos, sino que tiene un campo de aplicación mucho más amplio, correspondiente a la mayoría de las áreas de interacción humana. Si, como ya mencionamos, muchos de nuestros ejemplos están tomados del campo de la psicoterapia, ello ha sido meramente debido a que se trata del sector que nos es más familiar.

Como hemos intentado mostrar, estos principios básicos son pocos, sencillos y generales; no existe razón alguna por la que no puedan ser aplicados a cualquier problema, sea cual fuere la magnitud del sistema social implicado. Desde luego, los sistemas más amplios son más complejos y más difíciles de explorar y de influenciar en la práctica, ya que comprenden más partes importantes, subsistemas, etc. Por otra parte no se ha de creer de antemano que nuestro modo de consideración sea imposible o sumamente difícil de aplicar a sistemas más amplios, precisamente por haber planteado grandes dificultades la aplicación de otros métodos, especialmente si estos últimos eran de la misma índole engendradora de problemas que los que hemos estudiado en los capítulos precedentes. La única base fiable para juzgar acerca del valor de un método es el resultado obtenido mediante su aplicación.

Considerando sistemas sociales más amplios, encontramos, como problemas comunes a todos ellos, callejones sin salida, agravaciones conflictivas y grandiosos programas estructuralmente idénticos a los que hallamos en áreas más personales de la vida humana.

1) Con demasiada frecuencia, las diferencias en cuanto a rango, posición e intereses entre los miembros de un sistema social no abocan a una complementariedad constructiva y a una cooperación eficaz, sino a persistentes y obstructivos empates, a callejones sin salida que hacen des-

graciados a todos los afectados, pero que estos últimos son incapaces de cambiar.

2) Si las diferentes partes implicadas asumen posiciones separadas y simétricas, el resultado consiste con frecuencia en una escalada más o menos rápida o en un conflicto; estas escaladas son similares, ya se refieran a dos individuos, dos países o dos razas.

3) Como ya dijimos al discutir los efectos de las utopías, pueden surgir problemas muy típicos como resultado de programas destinados a alcanzar algún objetivo altamente deseable, pero «algo» puede no funcionar y por consiguiente el plan entero puede desviarse. Este tercer tipo es de importancia creciente. Mientras tales fracasos pueden tener para la vida del individuo afectado un alcance escaso o nulo, tratándose de programas gubernamentales amplios, los efectos pueden ser desastrosos y la frustración considerable. En nuestra opinión, es especialmente en esta área donde el cambio puede verificarse eficazmente enfocando objetivos mínimos, concretos, yendo despacio y avanzando paso a paso, en lugar de promocionar enérgicamente vastas y vagas metas, sin duda deseables, pero discutiblemente alcanzables.

Así por ejemplo, muchos y fundamentales problemas sociales, como por ejemplo la pobreza, el envejecimiento, el crimen, etc., son por lo general abordados separando tales dificultades entre sí como entidades propias, a modo casi de categorías diagnósticas, que suponen problemas esencialmente muy dispares, y que exigen soluciones muy diferentes. El siguiente paso consiste en crear enormes estructuras físicas y administrativas e industrias enteras especializadas, dando lugar a una creciente incompetencia en una cantidad cada vez más amplia de individuos (89). Consideramos esto como un enfoque básicamente contraproducente de tales necesidades sociales, un enfoque que exige una masa de población desviada para apoyar la razón de ser de estas monolíticas agencias y departamentos.

Otro ejemplo es el representado por los amplios problemas referentes a la adicción (a drogas, al alcohol y al tabaco), que en la actualidad se tiende a definir predominantemente en términos fisiológicos. En consecuencia, las medidas «correctoras» se basan en la medicación. Pero como muestra la controversia en torno a la metadona, el efecto de estas «medicaciones» puede ser muy semejante al de las sustancias generadoras de adicción a las que se supone reemplazan. A base de cierta experiencia directa en este sector, así como de nuestros principios generales, nos parece sumamente probable que estas medidas heroicas ejerzan un efecto totalmente insospechado, pero muy poderoso, en cuanto a la formación de creencias en las propiedades mágicas de estas sustancias y en la casi completa imposibilidad de resolver los problemas de la adicción con otros métodos menos drásticos. No cabe duda de que los problemas de la adicción son graves, pero se pueden tratar mucho mejor considerándolos como problemas de comportamiento, esencialmente similares a muchos otros problemas y dedicando una atención primordial a qué clase de soluciones erróneas están contribuyendo a mantenerlos.

En resumen: consideramos que nuestros puntos de vista fundamentales acerca de la formación y la solución de problemas, de la persistencia y del cambio son útiles y apropiados para ser aplicados a los problemas humanos en general. Reconocemos, desde luego, que existen muchas clases de condiciones y de acontecimientos relacionados con la persistencia o el cambio que se hallan fuera de la esfera de la intervención humana: procesos físicos y químicos en el mundo de la naturaleza (desde la evolución hasta los terremotos), enfermedades biológicas, ciertos accidentes, así como muchos otros. Se trata de acontecimientos que los hombres han de aceptar como realidades de hecho, pero aunque nuestros principios no puedan aplicarse directamente a tales hechos sí pueden aplicarse a los modos como el hombre intenta enfrentarse con estas circunstancias «naturales», del mismo modo como son aplicables al modo de tratar el hombre determinadas circunstancias sociales. Y la esfera del comportamiento humano aparece claramente en la actualidad como aquel sector en el que nuestro entendimiento y nuestras capacidades precisan de mayor revisión.

En esencia, el presente libro ha expresado ideas muy antiguas en formulaciones modernas. Si hubiésemos poseído la competencia necesaria, lo habríamos escrito sobre una base predominantemente histórica, más que sobre una base clínica, destacando especialmente las relaciones internacionales, más que las personales. La eficacia de soluciones aparentemente fuera del sentido común, imprevistas, en situaciones políticas, diplomáticas y bélicas se conoce desde hace miles de años; de aquí nuestra elección del sitio de Hochosterwitz como ejemplo introductorio. Por el mismo motivo, este libro podría haber sido escrito también dentro del aparentemente muy distinto contexto de aquello que se define vagamente como experiencias místicas, es decir, del súbito e imprevisible paso desde la trama de referencia habitual y cotidiana a una percepción de la realidad totalmente nueva, lo cual, por breve que sea en sí la experiencia misma, no nos permitirá olvidar nunca que la realidad, en tanto que tal, puede ser también totalmente distinta.

REFERENCIAS BIBLIOGRÁFICAS

1. ADLER, Alfred, *The Practice and Theory of Individual Psychology,* Nueva York, Harcourt, Brace, 1927, p. 235 (trad. cast.: *Práctica y teoría de la psicología del individuo,* Buenos Aires, Paidós).
2. Ibidem, p. 246.
3. *Agoraphobia, An Informative Guide to Overcoming Phobias.* Distribuido por *Terrap.* 560 Oxford Avenue, Palo Alto, California 94306.
4. AICHHORN, August, *Verwahrloste Jugend,* Viena, Internationaler Psychoanalytischer Verlag, 1925 (trad. cast.: *Juventud descarriada,* Madrid, Martínez de Murguía, 1956).
5. ARDREY, Robert, *The Social Contract, a personal enquiry into the evolutionary sources of order and disorder,* Nueva York, Atheneum, 1970, p. 3 (trad. castellana: *El contrato social,* Barcelona, Plaza Janes, 1974).
6. Ibidem, p. 157.
7. Ibidem, p. 196.
8. Ibidem, pp. 286-87.
9. ARISTÓTELES, *Física,* libro V/2 (225b 14-16), trad. cast. en *Obras,* Madrid, Aguilar,[2] 1967.
10. ASHBY, W. Ross, *Design for a Brain,* Nueva York, John. Wiley and Sons, Inc., Nueva York 1954 (trad. cast.: *Proyecto para un cerebro,* Madrid, Tecnos, 1965).
11. ASHBY, W. Ross, *An Introduction to Cybernetics,* Londres, Chapman & Hall, 1956 (trad. italiana: *Introduzione alla cibernetica,* Turín, Einaudi, 1971).
12. Ibidem, pp. 19-20.
13. Ibidem, p. 59.
14. Ibidem, pp. 302-3.
15. BARTEN, Harvey H. (dir.), *Brief Therapies,* Nueva York, Behavioral Publications, 1971.

16. BATESON, Gregory, y JACKSON, Don D.; HALEY, Jay; y WEAKLAND, John, *Toward a Theory of Schizophrenia*, «Behavioral Science» (1956), 1, pp. 251-64.

17. BATESON, Gregory, y JACKSON, Don D., *Some Varieties of Pathogenic Organization*. En *Disorders of Communication*, bajo la dirección de David McK. RIOCH, Vol. 42, Research Publications. Association for Research in Nervous and Mental Disease, 1964, pp. 270-83.

18. BATESON, Gregory, *Steps to an Ecology of Mind*, Nueva York, Ballantine Books, 1972, p. 279.

19. Ibidem, p. 282 n.

20. Ibidem, p. 283.

21. BATESON, Gregory, comunicación personal.

22. BELL, Eric T., *Men of Mathematics*, Nueva York, Simon and Schuster, 1937, p. 375 (trad. cast.: *Los grandes matemáticos*, Buenos Aires, Losada, 1948).

23. BERNE, Eric, *Games People Play*, Nueva York, Grove Press, 1964, pp. 116-22 (trad. castellana: *Juegos en que participamos*, México, Diana, 1966).

24. BÖHLER, Eugen, *Voraussetzungen einer Ueberwindung der Währungskrise*, «Neue Zürcher Zeitung», n. 519, 7 noviembre 1971, p. 18.

25. BOLTWOOD, Charles E.; COOPER, Michael R.; FEIN, Victoria E.; y WASHBURN, Paul V., *Skyjacking, Airline Security, and Passenger Reaction: Toward a Complex Model for Prediction*, «American Psychologist», (1972), 27: 539-45, p. 544.

26. BRINTON, Crane, *The Lives of Talleyrand*, Nueva York, W.W. Norton and Company, 1936, pp. 190-1 (trad. cast.: *Las vidas de Talleyrand*, Madrid, Espasa-Calpe).

27. BRONOWSKI, J., *The Logic of the Mind*, «American Scientist», 54: 1-14, 1966, p. 6.

28. DOSTOIEVSKI, Fedor M., *Los endemoniados*, Barcelona, Bruguera, 1968.

29. ERICKSON, Milton H., comunicación personal.

30. ESTERSON, *Aaron, The Leaves of Spring*, Harmondsworth, Penguin Books in association with Tavistock Publications, 1972.

31. EULAU, Heinz, *Reason and Relevance – reflections on a madness of our time,* «Student Lawyer», 1: 16, 1972.

32. FERREIRA, Antonio J., *Family Myth and Homeostasis,* «Archives of General Psychiatry», 9: 457-63, 1963, p. 458.

33. FERREIRA, Antonio J., *Psychosis and Family Myth.* Manuscrito inédito.

34. FRANKL, Victor E., *The Doctor and the Soul,* Nueva York, Alfred Knopf, Inc., 1957.

35. FRANKL, Victor E., *Paradoxical Intention,* «American Journal of Psychotherapy», 14: 520-35, 1960.

36. FRANKL, Victor E., *El hombre en busca de sentido,* Herder, Barcelona [6] 1985

37. FREGE, Gottlob, *Grundgesetze der Arithmetik, begriffsschriftlich abgeleitet,* vol. I, Jena, Verlag Hermann Pohle, 1893, p. 4 (trad. cast.: *Fundamentos de la aritmética,* Barcelona, Laia, 1972).

38. FRY, William F., Jr., *Sweet Madness: A study of humor,* Palo Alto, Pacific Books, 1963.

39. GIRAUDOUX, Jean, *The Apollo of Bellac,* en *Jean Giraudoux, Four Plays,* traducción e introducción a cargo de M. Valency, vol. I, Nueva York, Hill and Wang, 1958, p. 90.

40. Ibidem, p. 93.

41. GÖDEL, Kurt, *Ueber formal unentscheidbare Sätze der Principia Mathematica und verwandter Systeme I,* «Monatshefte für Mathematik und Physik», 38: 173-98, 1931 (trad. it.: *Proposizioni formalmente indecidibili dei «Principia Mathematica» e di sistemi affini,* en E. AGAZZI, *Introduzione ai problemi dell'assiomatica,* Milán, Vita e Pensiero, 1961).

42. GOFFMAN, Erving, *Asylums; essays on the social situations of mental patients and other inmates,* Garden City, Nueva York, Anchor Books, 1961 (trad. cast.: *Internados,* Buenos Aires, Amorrortu, 1970).

43. HALEY, Jay (dir.), *Advanced Techniques of Hypnosis and Therapy. Selected Papers of Milton H. Erickson,* Nueva York y Londres, Grune and Stratton, 1967.

44. Ibidem, p. 131.

45. HILSMAN, Robert, *To Move a Nation,* Garden City, Nueva York, Doubleday and Company, 1967, p. 223.

46. HOWARD, Nigel, *The Theory of Metagames,* «General Systems», 11: 167-86; 1966 (Yearbook of the Society for General Systems Research).

47. HOWARD, Nigel, *Paradoxes of Rationality: Theory of metagames and political behavior,* Cambridge, Massachusetts y Londres, M.I.T. Press, 1971, p. XX.

48. Ibidem, p. 64.

49. JACKSON, Don D., *The Question of Family Homeostasis,* «Psychiatric Quarterly Supplement», 31, 79-90, part. 1, 1957.

50. JACKSON, Don D., *Family Interaction, Family Homeostasis, and Some Implications for Conjoint Family Psychotherapy.* En *Individual and Familial Dynamics,* bajo la dirección de Jules MASSERMAN, Nueva York, Grune and Stratton, Inc., 1959, pp. 122-41.

51. JACKSON, Don D., *Family Rules: The Marital Quid Pro Quo,* «Archives of General Psychiatry», 12: 589-94, 1965.

52. JACKSON, Don D., y HALEY, Jay, *Transference Revisited,* «Journal of Nervous and Mental Disease», 137: 363-71, 1963.

53. JUNG, Carl G., *Símbolos de transformación,* Buenos Aires, Paidós.

54. KAHN, Roy, chairman, panel on «The RAP Center: Seeing people who would never get seen». Cita del programa preliminar del 48º Annual Meeting de la American Ortho-Psychiatric Association, 1971, p. 52.

55. *Khrushchev Remembers.* Introducción, comentario y anotaciones de Edward Crankshaw. Trad. ingl. de Strobe Talcott. Boston, Little, Brown, 1970, pp. 194-195; trad. castellana: *Memorias,* trad. J. Edwards. Euros, Barcelona 1975.

57. Ibidem., p. 498 (it. 530).

58. KOESTLER, Arthur, *Darkness at Noon,* Nueva York, The Modern Library, Inc., 1941 (trad. it.: *Buio a mezzogiorno, Milán,* Mondadori, 1946).

59. KOESTLER, Arthur, *The Act of Creation,* Nueva York, The Macmillan Company, 1964, p. 35 (trad. it.: *L'atto della creazione,* Roma, Astrolabio, *en preparación).*

60. Ibidem, p. 59.

61. KOESTLER, Arthur, *The Invisible Writing,* Nueva York, The Macmillan Company, 1969, p. 435; trad. cast. *La escritura invisible,* Buenos Aires, Emecé.

62. KUHN, Thomas S., *Estructuras de las revoluciones científicas,* México, Fond. de Cult. Ec., 1971.

63. KURSH, Charlotte Olmsted, *The Benefits of Poor Communication,* «Psychoanalytic Review», 58: 198-208, 1971.

64. LAING, Ronald D., *The Self and Others,* Londres, Tavistock Publications, 1961, y Nueva York, Pantheon Books, 1969, pp. 108-24 (trad. it.: *L'Io e gli altri,* Florencia, Sansoni, 1969).

65. Ibidem, p. 124.

66. LAING, Ronald D., *Mystification, Confusion, and Conflict.* En *Intensive Family Therapy:Theoretical and Practical Aspects,* Nueva York, Harper and Row, 1965, pp. 343-63, dirigido por I. BOSZORMENYI-NAGY y J.L. FRAMO (trad. it.: *Psicoterapia intensiva della famiglia,* Turín, Boringhieri, 1969).

67. LAING, Ronald D., PHILLIPSON, H., y LEE, A. Russell, *Interpersonal Perception,* Nueva York, Springer, 1966, p. 8.

68. LAING, Ronald D., *Knots,* Nueva York, Pantheon Books, 1970, pp.1 y 55.

69. LAO TSE, *Tao Teh Ching* (trad. cast. de Díaz Faes), Madrid, Morata, 1972.

70. LASÉGUE, Ch., y FALRET, J., *La folie á deux, ou folie communiquée,* «Annales Médico-Psychologiques», t. XVIII, noviembre 1877.

71. LENNARD, Henry L., y otros, *Mystification and Drug Abuse,* San Francisco, Jossey-Bass, 1971.

72. LEONHARD, Wolfgang, *Die Revolution entlässt ihre Kinder,* Colonia, Berlín, Kiepenheuer und Witsch, 1955, pp. 220-235; trad. castellana: *El hijo de la revolución,* Buenos Aires, Plaza Janés, 1966.

73. LIDZ, Theodore; CORNELISON, Alice; TERRY, Dorothy; y FLECK, Stephen, *Intrafamilial environment of the schizophrenic patient: VI.. The transmission of irrationality,* «Archives of Neurology and Psychiatry», 79: 305-16, 1958.

74. LIPSON, Leon, *How to argue in Soviet,* conferencia no publicada, Stanford University, abril 1969.

75. MASTERMAN, J.C., *The Double-Cross System in the War of 1939 to 1945,* New Haven y Londres, Yale University Press, 1972, p. 43 (trad. it.: *Il doppio gioco della spia,* Milán, Rizzoli, 1973).

76. ORWELL, George, 1984, Nueva York, Harcourt, Brace and Company, 1949 (trad. cast.. 1984, Barcelona, Planeta, 1969).

77. OSGOOD, Charles E., *Reciprocal Initiative.* En *The Liberal Papers,* dirigido por James ROOSEVELT, Chicago, Quadrangle Books, 1962, p. 172.

78. POPPER, Karl R., *Utopia and Violence.* En *Conjectures and Refutations,* Nueva York y Londres, Basic Books, 1962, capítulo 18, p. 361 (trad. it.: *Congetture e refutazioni,* Bolonia, Il Mulino, 1972).

79. PREMACK, Ann James, y PREMACK, David, *Teaching Language to an Ape,* «Scientific American», 227: 92-9, octubre 1972.

80. PRIOR, Arthur N., *Changes in Events and Changes in Things,* The Lindley Lecture, Department of Philosophy, University of Kansas, 1962, p. 3.

81. ROSENTHAL, Robert, *Experimenter Effects in Behavioral Research,* Nueva York, Appleton-Century-Crofts, 1966.

82. SALZMAN, L., *Reply to Critics,* «International Journal of Psychiatry», 6: 473-6, 1968.

83. SCHEFLEN, Albert E., *Regressive Ono-to-One Relationships,* «Psychiatric Quarterly», 23: 692-709, 1960.

84. SCHOPENHAUER, Arthur, *Über den Willen in der Natur* (trad. cast.: *Sobre la voluntad en la naturaleza,* Madrid, Alianza, 1970).

85. SLUZKI, Carlos E., *El doble vínculo como situación patogénica universal,* en Carlos E. SLUZKI y otros, *Patología y terapéutica del grupo familiar,* Acta, Buenos Aires 1971, pp. 71-90. En inglés: SLUZKI, Carlos E., y VERÓN, Eliseo, *The Double Bind as a Universal Pathogenic Situation,* «Family Process», 10: 397-410, 1971.

86. *Symposium on Training,* «Journal of Analytical Psychology», 6: 95-118, 1961.

87. SZASZ, Thomas S., *Psycho-analytic Training,* «International Journal of Psychoanalysis», 39: 589-613, 1958.

88. TARSKI, Alfred, *Logic, Semantics, Metamathematics; papers from 1923*

to 1938, trad. inglesa de J.H. Woodger, Oxford, Clarendon Press, 1956.

89. THAYER, Lee, *The Functions of Incompetence.* En *Festschrift for Henry Margenau,* bajo la dirección de E. LASZLO y Emily B. SELLOW, Nueva York, Gordon and Breach, en curso de publicación.

90. THOMAS, William Isaac, citado por Sylvia SUSSMAN, *An Approach to the Study of Family Interaction: What a family is,* «Views Magazine», verano 1965.

91. WATZLAWICK, Paul, *An Anthology of Human Communication; Text and Tape,* Palo Alto, Science & Behavior Books, 1964, p. 24.

92. WATZLAWICK, Paul; JANET Beavin, H. y JACKSON, Don D., *Teoría, de la comunicación humana,* Herder, Barcelona [4]1985, [9]1993, pp. 52-56 y 80-92.

93. Ibidem, pp. 56-60 y 93-97.

94. Ibidem, pp. 173-232.

95. Ibidem, pp. 213-214.

96. Ibidem, pp. 213-234.

97. Ibidem, pp. 215-219.

98. Ibidem, pp. 217-218.

99. WEAKLAND, John H. y JACKSON, Don D., *Patient and Therapist Observations on the Circumstances of a Schizophrenic Episode,* «Archives of Neurology and Psychiatry», 79: 554-74, 1958.

100. WEISSBERG, A., *The Accused,* Nueva York, Simon and Schuster, Inc., 1951.

101. WHITEHEAD, Alfred North, y Bertrand RUSSELL, *Principia Mathematica,* 3 vol., Cambridge, Cambridge University Press, [2]1910-13, vol. 1, p. 37.

102. WITTGENSTEIN, Ludwig, *Tractatus logico-philosophicus* (trad. cast. de E. Tierno Galván, Alianza editorial, Madrid [2]1973).

103. Ibidem, p. 81.

104. WITTGENSTEIN, Ludwig, *Bemerkungen über die Grundlagen der Mathematik.* Oxford, Basil Blackwell, 1956 (ed. alemana e inglesa), p. 100 (trad. italiana de M. Trinchero: *Osservazioni sopra i fondamenti della matematica,* Turín, Einaudi, 1971, pp. 131-2.

105. Ibidem, p. 234 y p. 237.
106. WITTGENSTEIN, Ludwig, *Philosophical Investigations.* (Trad. ingl. de G.E.M. Anscomb), Nueva York, Macmillan,[2] 1958, p. 3 (trad. italiana de M. Trinchero: *Ricerche filosofiche,* Turín, Einaudi, 1967; p. 10).
107. Ibidem, p. 19 (31).
108. Ibidem, p. 108 (123).
109. Ibidem, p. 134 (177).
110. WYNE, Lyman C.; RYCKOFF, Irving M.; DAY, Juliana; HIRSCH, Stanley, *Pseudo-Mutuality in the Family Relations of Schizophrenics,* «Psychiatry», 21: 205-20, 1958.
111. YALOM, Irvin y YALOM, Marilyn, *Ernest Hemingway – the psychiatric view,* «Archives of General Psychiatry», 24: 485-94, 1971.